권태

– 지루함의 아나토미

하이브리드 총서

권태
– 지루함의 아나토미

© 몸문화연구소, 2013

초판 1쇄 발행일. 2013년 6월 10일
초판 3쇄 발행일. 2018년 4월 3일

지은이. 김종갑 외 8인
펴낸이. 강병철

펴낸곳. 더이룸출판사
출판등록. 1997년 10월 30일 제1997-000129호
주소. 04047 서울시 마포구 양화로6길 49
전화. 편집부 02. 324. 2347 / 경영지원부 02. 325. 6047~8
팩스. 편집부 02. 324. 2348 / 경영지원부 02. 2648. 1311
독자카페. cafe.naver.com/cafejamo
이메일. inmun@jamobook.com

ISBN 978-89-5707-768-9 (04300)

하이브리드 총서

권태
- 지루함의 아나토미

몸문화연구소 엮음

자음과모음

권태 – 지루함의 아나토미

서문

지루해서 주리를 튼다는 말이 있다. 누구나 할 일이 없고 무료해서 죽을 지경이었던 경험을 해본 적이 있을 것이다. 권태에 사로잡힌 사람에게는 모든 것이 시큰둥해진다. 그는 차지도 그렇다고 덥지도 않은 미지근한 주체, 시큰둥한 주체다. 이전에 뜨겁게 흥미와 관심을 끌거나 차가운 미움과 증오를 유발했던 것들도 빛바랜 사진처럼 무미하고 자기 일이 아닌 남의 일처럼 느껴진다. 그는 열정과 욕망으로 꽉 찬 주체가 아니라 아무것도 없이 횅한 주체, 하품하는 주체다.

　권태를 느끼는 주체가 살아가는 공간은 꽉 찬 공간이 아니라 텅 빈 공간이다. 여기에서 차다와 비다, 있음과 없음의 차이는 물리적이 아니라 심리적이며 사회적이다. 방향감각과 공동체적 규범, 삶의 목적이 없으면 권태에 쉽게 노출된다. 텔레비전과 컴퓨터, 오디오 등 전자제품으로 꽉 찬 집에서도 무료해서 발을 동동 구를 수 있으며 가구 하나 없는 방에서도 흥미진진하게 살 수 있다. 음악에서도 이러한 차이가 있다. 서로 잘 어울리는 두 악기가 만들어내는 이중주는 감동적이지만 오케스트라의 수많은 악기라도 불협화음을 이루면 듣기에 민망하고 따분할 수밖에 없다. 주체와 세상의 관계도 마찬가지다. 내가 세상과 잘 조율되어 있으면 살맛이 나고 신명이 오르지만 그렇지 못하면 지루해서 죽을 맛이 된다. 하이데거의 다자인Dasein이라는 개념으로 그러한 차이를 설명할 수 있다. "있는 것들sein" 가운데 내가 "거기에da" 있는지 없는지의 여부에 따라서 권태를 느낄 수도, 느끼지 않을 수도 있는 것이다.

권태의 가장 주된 첫째 증상은 시간을 의식하는 데 있다. 이때 "시간"뿐 아니라 "의식"도 의식되는 것이다. 어떤 일에 흥이 오르면 거기에 심취해서 시간이 가는 줄을 모른다. 둘이 먹다 하나가 죽어도 모른다는 속담이 이러한 상태를 잘 말해준다. 무엇에 너무 빠져 있으면 주위에서 일어나는 일도 의식하지 못하는 정도가 되는 것이다. 그러나 권태에 잠기는 순간에 이러한 시간과 일, 의식의 관계가 역전된다. 이제 시간은 굼벵이처럼 느릿느릿, 그것도 오뉴월 엿가락처럼 축 늘어져 하품만 나게 한다. 시간이 시간으로서 의식되는 것이다. 더불어 권태의 주체는 그렇게 시간을 의식하는 자기 자신을 마치 타자라도 된 것처럼 낯설게 의식한다. 내가 시간의 무게에 짓눌리는 타자로서 현상이 되는 것이다. 나는 나이기를 못 견디는 타자가 된다.

어떻게 보면 최첨단 현대사회는 권태의 여지가 없는 사회처럼 보인다. 직장에서 일을 마치고 밖으로 나가면 도시는 불야성이다. 그 유혹을 뒤로하고 집으로 가도 정보의 망망대해인 컴퓨터와 텔레비전 등이 기다린다. 우리가 한가하거나 지루해하는 꼴을 참지 못하는 것이다. 오락과 유흥, 정보로 무성하게 우거진 공간에서 어떻게 현대인이 지루함을 느낄 수 있는 걸까? 현대에 권태라니! 모순형용이지 않은가. 여기에 현대의 역설이 있다. 권태는 문명의 역설적 감성이다.

권태boredom는 19세기에 처음 등장한 어휘로 근대의 발명이며 근대의 증상이다. 하루 종일 생계를 위해 일을 해야 했던 전근대의 사람들은 권태를 몰랐다. 여가 시간도 수많은 친척과 이웃, 오락, 종교적 행사 등으로 가득 채워져 있었다. 언제나 공동체와 함께하면서 혼자 있는 시간이 거의 없었다. 이와 같이 전근대는 인간적 관계로 충만한 공간이었으며, 시간은 직선적이고 기계적인 것이 아니라 순환적인 자연의 섭리와 맞물려 있었다. 봄여름가을겨울의 순환처럼 인간은 태어나 살다가 죽음으로써 끝나는 것이 아니라 환생이나 사후의 세계가 보장되어 있다고 믿었다. 따라서 무의미한 시공간이 아니라 의미 있는 시공간, 막스 베버의 용어를 빌면 '주술적인 사회'였다. 물론 당시에 권태를 느끼는 사람이 전혀 없었다고 말할 수는 없다. 1년 내내 먹고 즐기는 것 외에는 할 일이 없는 귀족들은 그러한 감정을 경험했을 것이다. 그러나 대부분의 사람들은 권태를 알지 못했다. 할 일 없이 빈둥거리는 게으름은 팔자 좋은 사람들의 특권이거나 어쩌다 한 번 주어지는 소중한 축복이었다.

전근대 사회에는 권태라기보다는 게으름이 있었다. 남구만南九萬 시조의 한 구절 "동창이 밝았느냐 노고지리 우지진다 소치는 아이는 상기 아니 일었느냐 재너머 사래 긴 밭을 언제 갈려 하나니"의 주제는 게으름에 대한 훈계다. 할 일이 많은데도 일하기 싫어서 미적미적 일을 회피하기 때문이다. 산적한 일거리로부터 일이 없는 여유의 공간으로의 도피가 게으름 혹은 무위無爲로, 이는 현대인이라면 매우 따분하게 느낄 수 있는 상황이다. 그런데 대부분 육체노동과 가사노동이 자동화된 기계로 처리되는 사회에서 여유는 일상적 삶의 조건이 되었다. 어쩌다 주어진 여유가 행운이라면 일상화된 여유는 쇼펜하우어가 적절히 지적했듯이 지옥처럼 느껴질 수 있다. 이제는 여유로운 시간을 채워줄 흥미진진한 사건과 오락거리가 필요하다.

흥미진진해야 할 오락거리와 엔터테인먼트가 더 이상 흥미와 자극을 주지 못하는 순간에 권태가 발생한다. 너무 많은 음식에 물리듯이 일상화된 엔터테인먼트는 흥미가 아니라 포만감을 준다. 온갖 감성을 자극하는 외설적 내용물이 범람하는 대중문화와 문화산업은 일종의 권태퇴치산업이라 할 수 있다. 따분한 시간을 채우기 위해 현대인은 대중문화를 향해 손을 내밀지만 어느 순간에 기대했던 기쁨과 흥미가 도래하지 않게 된다. 이처럼 기대했던 기쁨과 쾌락이 부재하는 상황이 권태다.

과학문명이 발달하고 경제적으로 풍요로워지기 이전에 사람들은 일상에서 기쁨과 쾌락을 기대하지 않았다. 수명도 짧았기 때문에 태어나서 일하고 자손을 낳으면 죽음이 기다리고 있었다. 행복도 개인의 것이라기보다는 운명의 소관이었다. 행복幸福에서 행은 개인의 노력과 무관한 것으로 요행이며 운수였다. 영어의 happiness도 hap은 luck, 행의 의미를 가지고 있다. 팔자가 좋으면 행복할 수 있었던 사회의 개인들은 행복해지기 위해서 안달복달하며 노력할 필요가 없었다. 그들은 자신이 노력을 하지 않거나 판단을 잘못해서 불행하다고 생각하지 않았으며, 또 삶이 언제나 기쁘고 재미있어야 한다는 기대도 하지 않았다.

현대인은 행복과 불행은 자신의 노력과 의지 그리고 선택의 결과라고 생각하며 재미없고 무미건조한 삶은 실패라고 생각하는 경향이 있다. 누구나 영화처럼 삶이 흥미진진하고 기쁨으로 가득하기를 기대하고 추구하는 것이다. 그러나 이러한 기대를 충족하면서 살 수 있는 사람은 아주 극소수에 지나지 않는다. 문제는 이러한 기대치가 없었다면 그럭저럭 괜찮았을 삶도 기대의 시선이 투영되는 순간에 견딜 수 없는 것으로 변질된다는 데 있다. 요즘 행복을 연구하는 많은 학자가 주장하듯이 행복은 기대(혹은 욕망)와 반비례한다. 기대가 높을수록 불행을 더욱 예민하게 의식하는 것이다.

행복이 지속적으로 유지되는 기쁨이라면 쾌락은 순간적인 자극, 특히 관능적 자극으로 그러한 자극이 부재하는 상태가 권태다. 영어의 권태가 흥미진진함interesting과 같은 시기에 등장했다는 사실은 시사해주는 것이 많다. 흥미진진한 자극에 대한 기대가 없으면 권태의 감정도 있을 수 없다. 권태는 하기 싫은 일을 억지로 할 때에도 발생하지만 하고 싶은 일을 할 수 없는 경우에도 발생한다. 자기가 하는 일이 흥미로워야 한다는 기대나 뭔가 흥미진진한 오락거리가 있어야 한다는 기대가 채워지지 않을 때 그 빈 공간은 권태의 몫이 된다.

다른 나라에 비해서 우리나라의 불행지수가 유난히 높다는 것은 이젠 상식이다. 그러나 불행지수가 높다는 사실을 무조건 부정적으로

만 생각하면 안 된다. 불행에 대한 의식은 행복에 대한 기대와 떼려야
뗄 수 없는 상관관계에 있기 때문이다. '조금만 더 노력했다면 더욱 행
복할 텐데'라는 가정법을 떼놓고서 한국인의 불행을 이해할 수 없다.
과거에 보다 노력했으면 현재의 삶이 지금과 같이 않았을 것이라는 가
정은 개인의 노력 여하에 따라서 자신의 삶과 세상이 달라질 수 있다
는 낙천적·긍정적 세계관을 반영하고 있다. 우리나라처럼 급속도로 성
장한 나라는 미래에도 계속 그럴 것이라는 자신감과 희망을 가지고 세
상을 바라다본다. 그러한 이유로 작은 행복이나 기쁨은 성에 차지 않
는 것이다.

　　한국을 '다이내믹 코리아'라고 한다. 노력하면 세상을 바꿀 수 있
다는 자신감이 사회에 역동성과 긴장, 생명력을 불어넣는다. 이 지점에
서 한국인이 유난히 권태를 많이 느끼는 이유가 분명해진다. 우리는 그
냥 일상이 아니라 흥미진진하고 자극적이며 다이내믹한 일상이 되어야
한다고 무심결에 가정하고 있다. 그리고 자신의 삶이 그와 같이 다이내
믹하게 전개되지 않으면 뭔가 잘못되었거나 손해 보는 삶을 산다는 억
울한 감정에 사로잡히게 된다. 그만큼 쉽게 권태에 노출되는 것이다.

　　한국을 방문한 외국인들은 불야성을 이루는 서울의 밤거리를 보
고 놀람과 경이의 감탄을 토하곤 한다. 서울은 어둠이 내리지 않는 도
시, 밤에도 벌겋게 눈을 뜨고 있는 도시, 24시간 음주와 가무, 온갖 환
락이 가능한 도시다. 어둠이 내리기가 무섭게 강남의 거리는 유흥의 광
고와 전단지들로 불야성을 이룬다. 구한말 서울을 방문했던 비숍Isabella
Bird Bishop 여사는 인경전의 종소리가 울리면 장안에서 마술처럼 갑자기
남자가 사라지고 부녀자의 세계로 변하는 놀라운 장면을 목격했다. 이
제 장안은 환락의 세계다.

　　이러한 놀라운 도시의 환락은 우리의 삶에 대한 기대의 지평을 완
전히 바꿔놓는다. 예를 들어 나는 퇴근을 하는데 삼삼오오 무리를 지
어 음식점이나 주점으로 발길을 옮기는 사람들이 있을 것이며, 집에서

텔레비전을 보는 저녁에도 옆의 번화가에서는 현란한 밤의 세계가 펼쳐지고 있다는 사실을 무시할 수가 없다. 다른 사람들은 나보다 더욱 신나고 흥미진진하게 살고 있는 듯이 여겨지는 것이다. 내 머릿속에 그런 생각 떠오르는 순간 그렇지 않았다면 행복할 수 있는 공간이 갑자기 생기를 잃고 한숨이 새어나오는 공간으로 변한다. 나도 당연히 누려야 할 쾌락을 빼앗겼다는 억울한 느낌, 신나게 사는(그렇게 생각되는) 타자에 대한 질투가 권태를 부채질한다.

우리나라와 달리 유럽 대부분의 도시는 번화가라 할지라도 24시간 불야성을 이루지 않는다. 소도시에서는 밤이 깊기도 전인 저녁 8시즈음이 되면 상가와 술집, 음식점이 문을 닫는다. 친구와 어울리면서 술을 마시고 싶어도 갈 데가 없다. 잠 못 드는 밤이 아니라 진짜로 잠드는 밤이 시작되는 것이다. 싫든 좋든 집으로 향해야 한다. 그러면서 거리의 질서는 가정의 질서에, 불빛과 소음과 어둠과 고요에, 감각적 자극은 심리적 평안에 자리를 내어주기 시작한다. 이러한 사회에서는 화려하고 벅적거리는 밤문화에 대한 기대가 있을 수 없다. 그래서 무사태평하고 평온하게 지내는 시간이 지겹거나 따분하게 느껴지지 않는다.

권태를 느끼는 주체는 쾌락과 자극을 찾아 헤매는 주체다. 그리고 그러한 자극에 물리면 더 큰 초과자극을 찾아 헤매게 된다. 기쁨의 질이 아니라 양, 깊이가 아니라 강도. 지속적인 것이 아니라 일시적인 것에 집착한다. 반면 행복한 사회는 감각적 자극이 아니라 내적 조화와 균형을 추구하는 사회다. 그 사회의 구성원이 여유로운 시간을 활용하는 방법을 보면 그 나라의 문화적 수준을 짐작할 수 있다.

쾌락이 외부로부터 주어지는 자극이라면 행복은 개인 자신이 생산하는 기쁨이다. 전자의 개인이 수동적이라면 후자는 능동적이다. 수동적으로 삶이 관리당하는 사람은 끊임없이 권태의 위협에 노출될 수밖에 없다. 권태는 우리의 삶이 얼마나 우리의 고유한 것인지를 가리켜주는 바로미터라 할 수 있다.

이 책은 몸문화연구소가 2012년에 '권태'라는 주제로 독회를 하고 토론을 하는 과정에서 기획된 프로젝트가 결실을 맺은 것이다. 이 주제를 다양한 각도에서 접근하기 위해서 연구소의 인력만으로는 충분하지 않았다. 연구원이 아닌데도 기꺼이 참여했을 뿐 아니라 귀한 원고를 집필해주신 손석춘 선생님, 이성민 선생님, 이종주 선생님에게 다시 한번 감사의 마음을 전한다. 그리고 이 프로젝트가 시작되던 첫 단계부터 조언과 도움을 아끼지 않았던 자음과모음의 김유정 씨와 지금과 같이 멋있는 책으로 완성해준 편집진에게도 감사의 마음을 전한다.

2013년 5월
아홉 필자의 마음을 담아
김종갑

권태와 청춘

이성민

1. 낭만주의적 공헌

권태라는 주제는 지루하게 다룰 경우 실로 주제에 걸맞게 다룬다는 웃어넘길 수 있는 칭송을 들을 수는 있어도 대중적인 지지를 얻기는 힘들다. 이러한 특성 때문에 이 주제를 다루는 사람은 지루함을 피하기 위해 최선의 노력을 하게 된다. 그 노력이 아무리 헛되더라도 말이다.

우선 한 가지 양해를 구하려고 한다. 이 주제에 관한 논의를 일본의 철학자 가라타니 고진柄谷行人의 『일본근대문학의 기원』에서 시작하려고 한다. 이미 수많은 독자가 있는 이 책은 근대성에 대한 깊은 통찰을 담고 있는 아주 흥미롭고도 교훈적인 책이다. 하지만 "권태"라는 용어가 단 한 번도 등장하지 않는 책이기도 하다.

사실 바로 그 점이 흥미로웠다. 여러분이 만약 탐정이라면 마땅히 바로 그와 같은 점에 주목할 것이다. 가령 슬라보예 지젝Slavoj Žižek은 어떤 일이 일어나지 않았다는 사실이 탐정에게는 단서가 될 수 있다는 점을 지적한 적이 있다.[1] 이와 관련해 지젝 자신도 언급하고 있지만 셜록 홈즈의 유명한 사례가 있다. 「실버 블레이즈The Adventure of Silver Blaze」에 나오는 홈즈와 경위의 대화가 그것이다. 경위는 홈즈에게 "제가 주목해야 할 점이 더 있습니까?"라고 묻고, 홈즈는 "그날 밤 개의 기묘한 행동을

---

[1] 슬라보예 지젝, 『삐딱하게 보기』, 김소연·유재희 옮김, 시각과언어, 1995, 114쪽.

놓치지 마시오"라고 답한다. 그러자 경위는 "그날 밤 개는 아무 짓도 하지 않았습니다"라고 말하고, 이에 대해 홈즈는 "그게 바로 기묘한 행동이오"라고 다시 답한다.[2] 홈즈는 개가 짖지 않았다는 사실을 오히려 이상하고도 흥미롭다고 본 것이다.

가라타니 고진이 『일본근대문학의 기원』에서 권태에 대해 아무 말도 하지 않는다는 사실 역시 내게는 기묘하게 생각된다. 이 책에서 가라타니는 근대의 기원에서 발생한 전도顚倒에 주목하면서 그러한 전도에 입각해서 근대인들이 발견한 것들을 하나하나 다룬다. 그에 따르면 근대인들은 풍경, 숭고, 내면, 아동 등을 발견했다. 다시 말해 가라타니는 권태와 밀접한 관련이 있는 모든 것을 열거하지만, 권태에 대해서만은 언급하지 않는다. 그렇다면 왜 이러한 것들이 권태와 밀접한 관련이 있다는 것일까?

권태의 문제를 탁월하게 다룬 저술로 노르웨이의 철학자 라르스 스벤젠Lars Svendsen의 『지루함의 철학』이 있다.[3] 이 책을 끝까지 읽다보면 스벤젠이 가라타니를 참조하지 않은 것이 아쉽게 느껴지며, 그 역도 마찬가지다. 왜냐하면 그 둘은 근대성에 대해서 너무나 유사한 접근을 하고 있기 때문이다. 다만 가라타니는 근대를 다루면서도 권태를 빠뜨렸고, 스벤젠은 오히려 권태라는 단 하나의 주제를 중심으로 근대에 접근하고 있다는 점이 다를 뿐이다.

한 가지 예를 통해서 물음에 대한 답을 찾도록 하자. 스벤젠은 아동과 권태의 연관성에 주목하고 이렇게 말한다. "아동기는 언제나 있었던 건 아니다. (……) 그것은 대략 300년도 되지 않은 것이다. 그때서

2　아서 코난 도일, 『셜록 홈즈 전집 6. 셜록 홈즈의 회상록』, 백영미 옮김, 황금가지, 2002, 40쪽. 번역 일부 수정.
3　라르스 스벤젠, 『지루함의 철학』, 도복선 옮김, 서해문집, 2005.

야 역으로 아이는 '작은 어른'이 아니라 어떤 다른 것, 즉 아이라는 것이
발견되었다. 이는 운명적인 발견이었을 것이다. 우리의 주제에 관한 한,
아동기와 권태가 거의 동시에 출현한다는 것은 아주 기묘한 일이다."[4]
여기서 스벤젠은 두 가지를 확인한다. 하나는 아동이라는 것이 원래부
터 있었던 것이 아니고 근대 초기에 발견되었다는 사실이다. 다른 하나
는 아동기와 권태가 거의 동시에 출현한다는 사실이다.

가라타니 역시 이 가운데 첫 번째 사실에 대해서 잘 알고 있다.
"아동이 객관적으로 존재하고 있다는 것은 누구에게나 자명한 일로 보
인다. 그러나 우리가 보고 있는 것 같은 '아동'은 극히 최근에 형성된 것
일 뿐이다."[5] 아동이 발견되기 전에 "아이는 아이가 아니라 작은 어른
으로서 교육되었다."[6] 여기서 가라타니가 "극히 최근"이라고 하는 것은
일본의 근대화를 염두에 두고 있는 말이다. 근대화는 서양에서 먼저 시
작되었고, 일본은 그것을 뒤늦게 압축적으로 겪어야 했다. 한국도 그런
경우에 해당하기에 우리는 그것이 무엇을 의미하는지 사실 잘 알고 있
다. 따라서 가라타니는 일본에서 아동이 300년 전에 발견되었다고 말
하지 않고 극히 최근에 발견되었다고 사실대로 말하는 것이다. 하지만
결국 스벤젠이나 가라타니나 아동이 근대 초기에 발견되었다고 말한
다는 점에서는 대동소이하다. 일본의 철학자와 노르웨이의 철학자가
모두 이 사실에 주목하고 있다. 하지만 전자는 후자와 달리 아동이 권
태와 연관되어 있다는 사실에 주목하지 않는다.

또 한 가지 예를 들어보면 스벤젠은 권태의 일반적인 도래와 관
련해서 그리고 권태와 관련된 다른 것들의 도래와 관련해서 낭만주의

---

4   같은 책, 260~261쪽. 번역 수정. 이하 영문판에서 직접 재번역하여 인용함에 있어
        별도로 표기하지 않도록 한다.
5   가라타니 고진, 『일본근대문학의 기원』, 박유하 옮김, 도서출판b, 2010, 163쪽.
6   같은 책, 168쪽.

자들의 역할에 주목한다. 몇 가지 예문을 살펴보자. "이 책의 중심적 테제는 낭만주의는 (……) 근대적 권태를 이해함에 있어 가장 중심적인 토대를 구성한다."⁷ "낭만주의의 도래와 더불어 권태는 말하자면 민주화되며, 폭넓은 표현형식을 발견한다."⁸ "'지루한'이라는 단어는 '흥미로운'이라는 단어와 밀접한 관련이 있다. 두 단어는 거의 동시에 유포되며, 거의 동시에 사용 빈도가 증가한다. 18세기 말 낭만주의가 도래하면서 비로소 삶이 흥미로워야 한다는 요구가 자기실현에 대한 일반적 주장과 더불어서 생겨난다."⁹ "낭만주의와 더불어 끊임없이 의미 결핍의 위험을 안고 있는 자기에 대한 강한 초점맞춤이 일어난다."¹⁰ "낭만주의자들은 권태를 인간 삶의 주요한 조건이자 시련 가운데 하나로서 강조했다."¹¹ "낭만주의와 더불어 ― 루소의 사유를 기초로 하여 ― 아동기는 하나의 이상이 된다. 문명에 의해 아직 망쳐지지 않은 참된 인간은 이제 아이다. 낭만주의적 관점에서 어른이 된다는 것은 거의 탈인간화 과정으로 보이게 된다."¹² 이러한 예문을 통해 우리는 근대성과 관련해서 낭만주의가 권태, 자기=내면, 아이 등의 등장과 긴밀한 관련을 맺고 있다는 것을 확인할 수 있다.

　가라타니 역시 근대성의 출현과 관련해 낭만주의에 주목한다. "대체로 낭만파나 전기 낭만파에 의한 풍경의 발견이란 에드먼드 버크가 미와 구별해 숭고라고 칭했던 태도의 출현과 다르지 않다."¹³ "'아동'이라는 것은 하나의 '풍경'인 것이다. 그것은 처음부터 그러했고 현재도

7　라르스 스벤젠, 앞의 책, 9쪽.
8　같은 책, 39쪽.
9　같은 책, 50쪽.
10　같은 책, 58쪽.
11　같은 책, 107쪽.
12　같은 책, 261쪽.
13　가라타니 고진, 앞의 책, 41쪽.

마찬가지다. 따라서 오가와 미메이 같은 낭만파 문인들이 '아동'을 발견한 것은 기이할 것도, 부당할 것도 없다."[14] 가라타니가 "'풍경'이 외부세계에 관심을 갖지 않는 '내면적 인간'에 의해 도착적으로 발견되었다"라고 말하는 것을 여기 추가해서 고찰해본다면 그가 낭만주의를 풍경과 숭고, 아이, 내면 등의 등장과 연결한다는 사실을 알 수 있다.

좀 지루해질 수도 있었던 이와 같은 비교를 통해 아무런 수확이 없었다면 그보다 더 무익한 일도 없을 것이다. 우리가 무엇을 수확했는지는 다음의 표를 통해서 확인할 수 있다.

	권태	자아=내면	아이	풍경, 숭고
스벤젠	✓	✓	✓	
가라타니		✓	✓	✓

이 표를 통해서 알 수 있는 것은 두 가지다. 첫째, 스벤젠이 숭고와 풍경의 문제에 주목하지 않은 반면 가라타니는 권태의 문제에 주목하지 않는다. 둘째, 권태-자아-아이-풍경-숭고는 근대성을 특징짓는 하나의 계열로서 묶일 수 있다. 앞에서 우리는 풍경이나 숭고, 내면, 아동 같은 것들이 어떻게 해서 권태와 관련이 있는지를 물었다. 이것들은 적어도 근대 초기 낭만주의자들에 의해 발견되었다. 그것들을 하나의 계열로 묶어낼 수 있을 때, 결국 물음은 "왜 그 가운데 어느 하나를 누락하는가?"로 귀착된다.

14   같은 책, 164쪽.

2. 청춘의 연장

스벤젠이 아동과 권태의 연관에 주목하는 이유는 무엇일까? 그것은 그가 오늘날 한 명의 철학자로서 주체의 성숙이라는 문제를 매우 중요하게 생각하기 때문이다. 실제로 『지루함의 철학』의 결론에 해당하는 마지막 절의 제목은 "권태와 성숙"이다. 거기서 그는 영원한 청춘에 머물려고 하는 오늘날의 주체들의 낭만주의적 경향성을 비판하면서 다음과 같이 말한다. "우리는 그토록 많은 것이 새롭고도 흥미진진한 아동기의 마법 세계를 점차 떠나야 한다는 것을 받아들이길 거부한다. 다시한 번 우리는 아동기와 성숙 사이 어딘가에, 영원한 청춘기에 정지되어 있다. 그리고 청춘기는 권태로 채워져 있다. 아동기는 영원히 상실되었으므로, 성숙을 향해 눈을 돌리는 것이 더 유망하다."[15]

이렇게 말하면서 그는 우선 근대적인 계몽의 기획에 주목한다.[16] 사실 칸트가 말하는 계몽은 근대인들이 새로운 시대에 새롭게 봉착한 문제의 핵심을 포착하고 있다. 성숙 그 자체는 근대의 출발점에서 철학자들이 고민했던 바로 그 문제다. 우리는 데카르트의 『성찰』을 소박한 한 인물이 지적으로 성장해가는 과정을 그린 책으로 읽어낼 수 있다. 또한 헤겔의 Bildung교양, 형성은 성장에 대한 또 다른 이름이다. 우리는 또한 계몽의 기획이 성장의 기획이었음을 칸트의 육성을 통해 알고 있다. "계몽이란 우리가 마땅히 스스로 책임져야 할 미성년 상태로부터 벗어나는 것이다."[17]

이처럼 근대 초기에 성장의 문제가 대두된 이유 가운데 하나는 전

15 라르스 스벤젠, 앞의 책, 262쪽.
16 같은 책, 262쪽.
17 임마누엘 칸트, 『칸트의 역사철학』, 「계몽이란 무엇인가에 대한 답변」, 이한구 옮김, 서광사, 2009, 13쪽.

통적인 신분 사회의 붕괴에 있다. 주체는 자신의 정체성을 확보하는 과정에서 공동체의 안정된 외적 권위에 기대기가 점점 힘들어졌고 "자연적인" 정답이 사라지고 있었다. 이는 물론 새로운 기회이기도 했지만 또한 주체 편에서는 감당하기 힘든 무언가일 수도 있다.

오늘날 역시 비록 근대 초기와는 다른 의미에서지만 성숙의 문제는 여전히 첨예한 문제다. 지젝은 정신분석적 관점에서 오늘날 아버지의 상징적 기능이 유효성을 상실하고 있다는 데 초점을 맞추면서 다음과 같이 이야기한다. "아버지는 더 이상 자아 이상으로서, 상징적 권위의 (……) 담지자로서 지각되지 않으며 이상적 자아로서, 상상적 경쟁자로서 지각된다. 그리고 그 결과 주체는 결코 실제로 '성장'하지 않는다. 오늘날 우리는 심적 경제의 측면에서 볼 때 자신들의 아버지와 경쟁하는 '미숙한' 청소년으로 남아 있는 삼사십 대의 개인들을 대하고 있는 것이다."[18]

현대사회를 이렇게 진단했을 때 두 가지 길이 열려 있다. 첫째는 잘 알다시피 일체의 주체화를 거부하고 끊임없는 위반의 미학에 전념하는 길이다. 그리고 다른 하나는 스벤젠이 제안하는 다음과 같은 길이다.

헤겔의 관점에서 보면 성숙은 이미-존재하는 사회에서의 자기실현으로 이해되어야 한다. 하지만 근대의 파편화는 그와 같은 통일된 윤리적 사회가 가능하다는 믿음을 허물어버렸다. 이는 성숙 또한 실현불가능한 것으로 보일 것임을 의미한다. 문제는 우리가 다른 성숙 개념을 발견할 수 있는가 하는 것이다.[19]

18 슬라보예 지젝, 『까다로운 주체』, 이성민 옮김, 도서출판b, 539쪽.
19 라르스 스벤젠, 앞의 책, 262~263쪽.

이렇게 말하는 스벤젠은 분명 여느 '포스트모던적' 사상가들과는 다른 길을 가리키고 있다. 그는 분명 끝도 없는 위반의 제스처 속에서 궁극적으로 성숙을 거부하는 오늘날의 주체들의 그 기본적인 태도에 대해서 비판적이다. 이와 관련해서 그는 특히나 니체와 푸코의 대안적 성숙 개념에 대해서 비판적이다. 스벤젠이 니체와 푸코를 어떻게 비판하는지를 여기서 더 길게 이야기하지는 않겠다. 다만 그가 "문제는 우리가 다른 성숙 개념을 발견할 수 있는가 하는 것이다"라고 말하는 방식으로 중요한 문제를 정식화하고 있다는 사실에 주목하고자 한다.

앞서 우리는 가라타니가 스벤젠과는 달리 권태에 그리고 아동과 권태의 연관성에 주목하지 않는다는 것을 보았다. 이는 우연에 불과한 것일까? 흥미롭게도 가라타니는 『일본근대문학의 기원』 중 「아동의 발견」이라는 제목의 장에서 아동과 성숙의 문제를 다루고 있다. 이는 스벤젠이 아동과 성숙과 권태를 다루는 '권태와 성숙'이라는 제목의 절과 비교해볼 가치가 있다. 왜냐하면 가라타니는 그 장에서 권태의 문제를 빠뜨릴 뿐 아니라 성숙의 문제를 스벤젠과는 다른 방식으로 바라보기 때문이다.

인간 사회에서 일반적으로 볼 수 있는 '통과의례'(성인식, 원복식)는 '성숙'과는 완전히 다른 것이다. (……) 통과의례에서 아이가 어른이 되는 것은 이를테면 가면을 바꾸어 쓰는 일과 같아서 문화에 따라 다르기는 하지만 머리형, 복장, 이름 등을 바꾸고 문신, 화장, 할례 등을 부과하는 것이다. 이러한 과정을 통해 사람은 별개의 자기가 된다. 즉 가면이 자기 자신이며, 가면 뒤에 진짜 자기가 있는 것이 아니다. 통과의례가 존재하는 사회에서는 아이와 어른을 확연히 구분지어 놓고 있다. 하지만 근대의 아이와 어른의 '나누기'와는 성질이 다르다. 통과의례에서 사람은 가면을 바꾸어 쓰기만 하면 다른 사람이 되지만 가면 뒤에 똑같은 자기는 존재

하지 않는다. 그런데 근대사회에서는 동일한 자기가 서서히 발전
하고 성숙해 간다고 간주한다. 이것이 '청춘' 또는 '성숙'이라는 처
치 곤란한 문제를 초래한 것이다.[20]

가라타니는 성숙의 문제가 근대 고유의 문제임을 잘 지적하고 있다.
다만 스벤젠이 오늘날 '다른 성숙 개념'의 필요성을 역설한다면 가라타
니는 성숙이라는 문제를 '처치 곤란한 문제'로 본다는 점이 다르다. 그
래서 그는 성숙이라는 문제를 "곧이곧대로 상대해서는 안 된다. 우리는
격리된 유년기를 가졌기 때문에 성숙하지 못하는 것이 아니라 성숙을
지향하기 때문에 미성숙한 것이다."라고 말하기에 이른다.[21] 다시 말해
가라타니는 '다른 성숙 개념' 같은 것을 찾을 생각이 전혀 없고, 그렇기
에 권태의 문제가 눈에 들어오지 않았다고 볼 수 있다. 왜냐하면 권태
의 문제를 진지하게 생각한다는 말은 궁극적으로 청춘의 극복 문제를
진지하게 생각한다는 말이니까.

　　가라타니의 통찰은 그 자체로 숙고할 가치가 있다. 특히나 그가
정신분석을 발생시킨 신경증과 관련해서 "청춘기가 아이와 어른을 '나
누기'하지 않는 사회에서 신경증세는 '병'으로 존재하지 않는다."고 말
하는 부분은[22] 정신분석의 역사성을 냉철하게 지적하는 것이어서 보다
깊은 논의가 필요하다.

　　근대인들의 신경증에 주목하는 것도 하나의 길이지만 근대인들
의 낭만주의에 주목하는 것도 하나의 길이다. 특히나 근대적 현상으로
서의 권태에 접근하려고 할 때 우리는 반드시 초기 낭만주의에 주목해

20　가라타니 고진, 앞의 책, 175쪽.
21　같은 책, 181~182쪽.
22　같은 책, 181쪽.

야 한다. 근대인들은 그리고 오늘날의 현대인들도 역시 기본적으로는 낭만주의자들이다. 스벤젠이 "우리, 낭만주의자들"이라는 표현을 여러 번 사용하듯이 말이다.[23]

오늘날의 주체들에게는 아이와 어른을 나누는 청소년기나 청춘기라는 것이 분명하게 존재한다. 권태의 주체가 있다면 무엇보다도 그들을 가리킬 것이다. 역설적이지만 이 시기는 권태의 시기이면서 또한 이른바 '질풍노도'의 시기이기도 하다. 알다시피 오늘날 이 시기는 어느 순간, 즉 성인이 되는 순간 중단되는 것이 아니라 인간의 삶에서 계속해서 연장된다. '우리, 낭만주의자들'은 성인이 되는 것보다는 어린이의 세계에 남는 것을 선호하며 현실적으로 어린이의 세계에 남는 것이 불가능하다면 적어도 어른이 되지 않는 것을, 청춘으로 남는 것을 선호한다.

다시 말해 "성숙을 지향하기 때문에 미성숙한 것이다."라는 말도 일리가 있지만 또한 처음부터 미성숙을 지향하는 경향이 근대 초기부터 있었으며, 이는 초기 낭만주의자들이 발견한 태도다. 초기 낭만주의자들은 권태를 발견했으며 또한 아동을 발견했다. 그리고 더 이상 아이가 될 수는 없는 가운데 아이의 상태를 이상향으로 놓음으로써 영원한 권태의 상태에 있게 되는 청춘들을 낳았다.

3. 세계의 권태

주체 편의 권태와 청춘기의 이와 같은 한없는 연장은 어떤 착시 현상

23 라르스 스벤젠, 앞의 책, 54쪽, 56쪽, 178쪽, 244쪽. 번역상의 문제로 한국어판에서 표현을 찾을 수 없지만 원서에는 표기가 있다.

의 원인이다. 그것은 바로 주체만이 아니라 세계 그 자체가 권태롭다는 착시 현상이다. 다시 말해 우리는 우리 안의 권태를 세계로 투사하는 것이다.

예를 들면 마법과 환상의 시대가 아쉽게도 가버렸음을 직간접적으로 다루는 영화들이 있다. 사실 그런 영화들은 상당히 많은 편이다. 〈베오울프〉의 인상적인 마지막 장면을 떠올려보자. 저물어가는 영웅의 시대를 지켜보는 매혹적이고 치명적인 괴물(안젤리나 졸리)은 자신의 시대 또한 저물어감을 알고 있다. 일본의 애니메이션 〈원령공주〉도 잘 들여다보면 같은 주제를 다루고 있지 않다고 말할 수 없다. 정령과 신이 살던 숲은 결국 근대적인 숲으로 다시 태어난다. 이러한 영화들은 모두가 바그너적인 '신들의 황혼'의 다양한 변주처럼 보인다. 최근에 역전된 방식으로 동일한 주제를 다룬 영화로는 〈아바타〉가 있다. 이 영화의 경우에는 대자연을 파괴하는 과학의 발전이 다른 한편으로 오히려 우리를 다시금 환상의 시대로 데리고 갈 수도 있다는 약간의 암시를 주는 것 같다.

그래서 마법과 환상이 사라지고, 숲속의 정령들도 사라지고, 신과 영웅 들도 사라지면 이 세상은 어떻게 될까? 이제 무엇이 세상에 도래할까? 근대 초기의 칸트 같은 철학자들처럼 이성의 빛이 도래한다고, 계몽의 시대가 도래한다고 생각하는 사람도 있었다. 물론 틀린 생각은 아니었다. 사회를 합리적으로 변혁하려는 시도가 이어졌고 과학적 탐구의 길이 활짝 열렸다. 하지만 여하간 계몽주의를 곧바로 뒤이은 낭만주의가 알려주듯이, 결국은 또한 권태가 도래했다. 권태는 근대 이전에는 다만 수도사나 귀족의 특권이었고 '신분의 상징'이었다.[24] 하지만 앞서 보았듯이 "낭만주의의 도래와 더불어 권태는 말하자면 민주화되며

---

24   같은 책, 39쪽.

폭넓은 표현형식을 발견한다."[25]

마법과 환상의 시대가 아쉽게도 가버렸음을 주제로 삼는 영화들은 과거를 낭만화하기도 하지만 약간의 진리를 담고 있는 것 같다. 즉 그러한 이야기는 우리가 느끼는 바로 그 '아쉬움' 속에서 권태가 세계의 특성과 관계할 것을 암시한다. 근대의 도래와 더불어 다만 권태가 일반화되었고 모든 사람들이 권태를 느낄 수 있게 되었다는 것만이 아니다. 오히려 세계 자체가 지루해졌다고 말할 수 있다. 스벤젠이 지적하듯이 "권태란 다만 내적인 마음 상태에 불과하지 않다. 그것은 또한 세계의 특성이기도 하다. 왜냐하면 우리는 권태로 포화飽和된 사회적 관행들에 참여하고 있으니까 말이다."[26] 근대적 세계와 관련해서 권태는 주체 편의 상태만이 아니라 세계 편의 상태도 말해준다. 실제로 사람들은 지겹고 따분한 세상에 대해 불평을 하는 일이 적잖다.

하지만 그러는 가운데 오히려 우리가 세상을 권태로 물들이고 있다. 비유를 하자면 권태란 칸트가 말하는 감성의 선험적 형식으로서의 시간과 공간 같은 것이다. 우리의 감성에는 시간과 공간이 일체의 경험을 위한 선험적 형식으로 장착되어 있으며 그렇기에 우리가 경험하는 세계에서 모든 사물들은 시공간 속에 있는 것으로 경험된다. 그런데 낭만주의자들은 정서적 차원에서 이를테면 권태라는 선험적 형식을 장착하고 있는 것이다. 그렇기에 우리가 경험하는 세계에서 모든 사물들은 권태 속에 있는 것으로 경험된다. 권태란 세계와 세계 안에 있는 사물들의 중립적인 상태를 가리키는 말이다. 그리고 이 중립적인 상태란 주체의 내면에 있는 항상적인 권태가 외부로 투사되는 것에 해당한다.

가령 숭고의 감정을 불러일으키는 자연현상인 태풍을 생각해보

25 같은 책, 39쪽.
26 같은 책, 28쪽.

자. 태풍은 분명 권태로운 세계의 경계면에서 일상으로 침투한다. 한편으로 태풍은 자연재해로서 큰 피해를 남기기도 하지만 다른 한편으로 안전한 방안에서 창문을 통해 태풍을 바라보는 현대인들은 어떤 묘한 쾌감을 느끼기도 한다. 이렇듯 세계의 중립적 상태로서의 권태는 고통 속의 쾌감이라고 하는 숭고한 감정이 솟아나는 배경으로서 기능한다. 그렇다면 낭만주의자들이 권태를 발견하는 동시에 숭고를 발견한 것은 이상한 일이 아니다. 숭고는 권태의 치유책으로 간주되며 동시에 권태는 숭고를 가능하게 하는 조건이다.

하지만 만약 객관적인 세계의 권태라는 것이 정말로 있다면, 그것은 세계를 권태롭게 느끼는 사람들이 생각하는 것보다 더 불안스러운 상태일 것이다. 그것은 오히려 영화 〈매트릭스〉가 보여주듯이 실재적인 그 무엇도 발생하지 않는 '현상계'로서의 매트릭스 세계 같은 것을 가리킨다. 인간이 한낱 기계의 일부분이나 프로그램으로 환원되는 세계 말이다. 우리가 만약 자본주의적 세계의 실재적 모습을 볼 수 있는 안경 같은 것을 쓰고 있다면, 어쩌면 근현대의 세계가 그와 같은 모습으로 펼쳐질지도 모를 일이다. 따라서 우리가 이 지루한 세상에 무언가 흥분을 불러일으키는 일이 일어나기를 바라는 기대감 속에서 세계 위에 투사하는 권태는 다만 그 어떤 새로운 것도 발생할 수 없는 실재적인 권태의 세계를 베일로 가리는 기능을 하고 있을 따름이다. 종종 사람들이 '세상이 지루하다'에서 '세상이 지긋지긋하다'로 넘어갈 때 저 실재적 권태에 접근하고 있는 것일지도 모른다.

4. 무의미의 시간들

이제 외부로 투사된 권태를 다시 제자리에 돌려놓자. 그리고 청춘기의 내면에 자리 잡고 있는 권태로 눈을 돌려보자. 이 시기는 더 이상 아이가 될 수 없음을 알고 있는, 유년기의 마법 세계를 떠나야만 한다는 것을 알고 있는 시기다. 하지만 동시에 이 시기는 성인이 되는 것이 유예된 시기이기도 하다. 이 사이에 놓인 시기에 주체를 특징짓는 정서적 상태가 바로 권태다. 이 시기의 주체들은 단순히 놀이에 탐닉할 수도 없으며 또한 교육제도 속에서 아직은 성인들의 전문적인 일에 참여할 수도 없다. 다만 오늘날은 이러한 시기가 엄밀한 의미의 청춘기뿐 아니라 성인의 삶으로까지 연장된다는 것만이 특기할 일이다.

그렇다면 이러한 주체적 권태 그 자체의 다른 길은 없는 것일까? 권태를 외부세계로 투사하는 것 말고는 다른 선택은 가능하지 않은 것일까? 스벤젠은 다음과 같은 말로 권태에 대한 논의를 끝맺는다. "성숙해진다는 것은 삶이 아동기의 마법적인 영역에 머물 수 없다는 것을, 삶이 일정 정도는 지루하다는 것을 받아들이는 것이며 하지만 동시에 그것이 삶을 살 만하지 않게 만들지 않는다는 것을 깨닫는 것이다. 이는 물론 그 무엇도 해결하지 않지만 문제의 성격을 바꾸어놓는다."[27] 이러한 스벤젠의 결론에는 무언가 패배주의적인 것이 있다. 그는 분명 좀 전까지도 "문제는 우리가 다른 성숙 개념을 발견할 수 있는가 하는 것이다"라고 말했던 사람이지만, 이제는 우리에게 가장 익숙한 성숙 개념을 제시한다.

성인들의 삶이 실제로 지루한 이유는 그것이 근현대의 자본주의적인 삶이기 때문이다. '주인'인 자본가에게 삶은 결코 지루하지 않을 것이다. 자본가에게 세계는 언제나 넓고 할 일은 많다. 자본주의를 이끌고 가는 것은 자본가와 노동자이지만, 그것을 자본주의라고 부르는 이유는 그것이 노동자를 위한 체계라기보다는 자본가를 위한 체계이기 때문이다. 이 세계에서 노동자는 결코 성숙한 자에게 마땅한 방식으

---

27 같은 책, 265쪽.

로 대접받지 못하며 그렇기에 스스로도 그렇게 행동하지 못한다.

헤겔은 어떤 다른 의미에서 '지루함'을 받아들여야 한다는 것을 알았던 인물이다. 헤겔은 뉘른베르크 김나지움의 교장으로 있을 당시 학기말에 행한 『김나지움 강연』에서 라틴어의 기계적 반복훈련을 강조했다. "이 기계적 반복훈련이, 무의미한 규칙들을 준수할 수 있는 그 역량이 나중의 유의미한 자율적 정신 활동을 위한 토대를 제공한다."[28] 다시 말해 자유의 획득을 위해서는 무의미해 보이는 기계적 반복훈련을 감수해야만 하는 것이다.

헤겔은 무의미한 반복훈련이 적용되는 사례로 군인들의 훈련과 학생들의 라틴어 학습을 염두에 두었지만 이와 같은 기계적인 훈육 절차를 생략해서는 안 되는 배움의 사례는 얼마든지 더 있다. 가령 악기를 배우는 일이나 수영이나 무예를 배우는 일이 그러하다.

권태를 규정한 속성 가운데 무의미함의 느낌이 분명 있겠지만 무의미함이 곧바로 권태로 환원되는 것은 아니다. 가령 기타를 배우기 위해 거쳐야 하는 반복훈련은 기타 연주의 탁월함을 목표로 하기 때문에 기타를 배우는 사람에게는 그 무의미함이 무한정 확장되는 방식으로 체험되지는 않을 것이다. 하지만 배우는 그것에서 탁월성의 획득을 목표로 하지 않고 일반적인 지식의 획득과 대학 입학을 주된 목표로 하는 오늘날의 교육은 실로 배움의 과정에서 지루함 말고는 그 무엇도 느끼지 못하게 하는 것이 사실이다.

한편으로 권태는 교육적 계기로서, 성장의 계기로서 파악될 때 비로소 실질적으로 극복될 수 있다. 다른 한편으로 성인들의 삶도 한없이 권태로울 수 있으므로 궁극적으로 권태는 자본주의가 제공하는 방식과는 다른 분업과 직업의 체계를 통해서만 극복될 수 있다.

28   슬라보예 지젝, 앞의 책, 177쪽.

나는 이미 양육과 교육이 이루어지는 인간 성장의 공통적인 장을
공동체로 부르고, 전문적인 직업 활동을 하는 성인들의 사회를 연합으
로 부르자는 제안을 했다.[29] 이런 제안을 한 것은 오늘날 양자의 구분
이 점점 더 희미해지기 때문이다. 오늘날은 말하자면 아이의 세계와 어
른의 세계가 점점 더 구분이 되지 않고 있으며 동시에 아이와 어른도
점점 더 구분이 되지 않고 있다. 전통적인 의미에서, 즉 아이를 작은 어
른으로 취급한다는 의미에서 그렇다는 말이 아니다. 오히려 청춘기의
확장이 양쪽 세계를 흡수하고 있다는 의미에서 그렇다. 이러한 흡수는
주체의 욕망의 구조에 치명적인 영향을 미칠 수 있다.

가령 낭만주의의 반-성숙적 경향성을 그 극한으로까지 밀고 가는
철학자가 한 명 있다면, 그건 분명 질 들뢰즈Gilles Deleuze일 것이다. 오이
디푸스콤플렉스가 근대적 사회가 제공하는 유일무이한 주체화 과정이
라는 사실을 염두에 둘 때 들뢰즈와 가타리Felix Guattari의 저서『안티-오
이디푸스』는 사실상 성숙에 대한 비판과 반발을 잘 드러내는 저술이
다. 그가 그 대신 제안하는 것은 이를테면 "아이되기", "여자되기", "소
녀되기", "동물되기" 같은 것들이다. 하지만 가만히 생각해보면 아이,
여자(소녀), 동물의 이 삼항조는 서양에서 성숙한 인간=남자를 뜻하는
'man'의 부정적 쌍이라는 것을 알 수 있다.

들뢰즈는 권위=성인=남자=인간이라는 계열에 속하는 모든 것에
대해서 비판적이며, 이러한 계열에 의해 지탱되는 체계에 대항하는 전
쟁 기계를 "전쟁 기계는 국가 장치 외부에 존재한다"는 멋진 공리와 함
께 배치한다.[30] 당연한 것일지도 모르겠지만, 전쟁 기계란 들뢰즈가 제

29 이성민,『사랑과 연합』, 도서출판b, 2011.
30 질 드뢰즈·펠릭스 가타리,『천 개의 고원』, 12장 "1227년-유목론 또는 전쟁 기계"를 볼
  것, 김재인 옮김, 새물결, 2001.

공하는 권태에 대한 가장 유력한 대답이다.

들뢰즈의 인류학자 피에르 클라스트르Pierre Clastres는 인디언들이 현대인에 비해 얼마나 일을 적게 했는지를 이야기하면서 "나머지 시간은 남자들로서는 고통이 아니라 즐거움인 사냥과 어로, 놀이와 음주 그리고 마지막으로 그들이 열정적으로 좋아하는 전쟁을 하는 데 쓰였던 것이다."라고 말한다.[31] 그렇다면 전쟁이 사라질 경우 누가 더 아쉽겠다고 말하는 것일까? 혹은 사랑을 나누는 일은 노동이기에 남자들의 여가 활동에 포함되지 않은 것일까?

기업경영 전략가인 오마에 겐이치의 머리에서는 좀더 황량한 디스토피아적 미래상이 나왔다. 그는 이른바 '얼룩말 전략'이라고 불리는 모델을 내놓았다. 그런데 그 모델은 "국가나 영토의 발전이 아니라 오로지 (……) 영지enclave의 발전만을 함축한다. 오마에에 의하면 그 영지로부터의 수입은 나머지 인구를 위한 수입보다 인구 머릿수당 10배에서 20배 더 높을 수 있다. 한마디로 '발전'은 영지들 바깥으로 산포되지 않을 것이다. 영지들 안에서 획득된 부는 민족-국가에 의해 재분배되지 않을 것이다."[32] 그렇다면 이제 "자본주의는 국가의 것과는 별도로 자신만의 공간성을 생산할 수 있어야만 한다. 자본주의는 이미 미국에서 볼 수 있듯이 '도시-국가'나 '사적인 마을' 안에 벽을 쌓고 들어앉아 사회가 붕괴하면서 유목적이고 전투적이 된 인구들에 대항하여 '사적인 전쟁'을 수행할 수 있어야 할 것이다. 이는— 리베리아와 모잠비크에서 약탈군들이 치고받은 구조화되지 않은 전쟁들이 이미 닮아가기 시작한 매드 맥스 스타일의 군사행동과도 유사한—'진압하기 힘든 형태

31　피에르 클라스트르, 『국가에 대항하는 사회』, 홍성흡 옮김, 이학사, 2005, 241쪽.
32　André Gorz, *Reclaiming Work: Beyond the Wage-Based Society*, trans. Chris Turner, Cambridge: Polity Press, p. 24.

없는 지역전쟁endemic wars'으로의 회귀를 나타낸다."[33]고 할 수 있다.

〈매드 맥스〉 같은 영화를 관람하는 것은 신나는 일일지도 모른다. 하지만 우리의 현실이 바로 그렇게 되는 것보다 더 끔찍한 일도 없을 것이다. 디스토피아적 미래를 그리는 수많은 SF영화가 미래의 세계를 바로 그렇게 묘사하고 있지만 말이다.

앙드레 고르가 비판적으로 집어낸 오마에의 이야기를 여기서 길게 인용하는 데에는 이유가 있다. 즉 이와 같은 영민한 스토리는 청년들의 문명 속의 불만=권태를 어떻게 포획하여 재배치할지를 잘 알고 있다. 오마에의 묘책은 물론 '사적인 전쟁', '매드 맥스 스타일의 군사행동', '진압하기 힘든 형태 없는 지역전쟁' 같은 용어법에 담겨 있다. 어쩌면 그가 들뢰즈와 가타리의 책을 읽었는지도 모를 일이다.

우리의 목적은 자본주의와 끝도 없는 전쟁을 벌이는 것이 아니다. 그것이 아무리 신나는 일이라고 해도 말이다.

지루함의 철학

— 데카르트, 스피노자의 자연학과 하이데거의 해석학적 접근

이종주

1. 지루함에 대한 미학적, 종교적 접근: 파스칼, 키르케고르 그리고 쇼펜하우어

서양 철학사 속에서 정서^{emotion, affect, passion}체험[1]은 그 자체 주제적으로 분석됨으로써 어떤 철학적 함의가 해명되기보다는, 주로 아리스토텔레스의 경우처럼 수사학의 한 부분으로서 설득의 기술에 이용될 수 있는 효과들의 차원에서 혹은 스토아학파의 경우처럼 한갓 병리현상으로서 고려될 뿐이었다. 근세철학에서도 인간의 정서는 그 자체로 하나의 연구대상이 되지 못했다. 그것들은 이해되기 전에 먼저 판단되고 비판되었으며, 기껏해야 효용의 측면에서 연구되었을 뿐이다.[2] 지루함의 정서도 예외는 아니었다. 대표적으로 파스칼과 쇼펜하우어 그리고 키르케고르는 공통적으로 비참한 인간 삶을 드러내는 하나의 본질적 계기로서 지루함을 지적하는 데에 한 치의 망설임이 없었다. 그러나 그들 모

---

1   이 글에서는 정서emotion라는 표현을 가장 일반적으로 사용할 것이다. 다만 데카르트의 passion이나 스피노자의 affect는 정념이라고 표현할 것이다. 일부 학자들은 emotion을 감응感應이라고 표현하자는 제안도 있다. emotion은 외부나 신체상태의 심리적 반영이라는 수동적 측면도 있지만 이에 대응하는 능동적 측면도 모두 갖고 있기 때문이다. 감응은 정서나 정념, 감정, 느낌 등의 표현보다는 더 적절할 수도 있겠지만 가장 통상적인 표현으로 정서를 사용할 것이다.

2   서양근대철학회, 『서양 근대 윤리학』, 창비, 2010, 90쪽

두 지루함의 정서체험 속에서 어떤 새로운 철학적 함의를 찾기보다는, 지루함을 기지旣知의 자명한 체험으로 전제하고 그것을 극복하고 치유하는 방법과 관련해서 더욱 많은 철학적 분석을 할애했다.

파스칼이나 키르케고르에 따르면 신에 대한 믿음이 부재한 인간 삶은 그 밑바닥에서부터 지루한 공허에 휩싸여 있다. 파스칼에 따르면 환락은 지루함을 벗어날 수 있는 길이지만 동시에 인간을 파멸과 죽음으로 몰아가는 길이기도 하다.[3] 키르케고르에 따르면 다른 사람을 지루하게 만드는 평민, 무리, 어중이떠중이와 달리 자기 자신에 대해 지루해하는 선택받은 자인 귀족들은 미학적 풍자irony를 통해서 다른 사람들을 즐겁게 함으로써 지루함을 벗어나고자 한다.[4] 물론 파스칼에게나 키르케고르에게나 지루함에서 궁극적으로 벗어날 수 있는 길은 종교적 삶의 선택이다. 다만 주목할 만한 점은 파스칼이나 키르케고르 모두 지루함에서 궁극적으로 벗어나기 위해서는 지루함 자체를 회피하기보다는 지루함에 꼿꼿이 맞서 다른 모든 것과의 관계가 단절된 자신의 삶 자체를 스스로 떠맡는 태도[5] 혹은 그런 자신의 삶 자체에 대한 반성의 순간[6]을 요구한다는 점이다. 그러나 이런 성찰적 태도는 지루함 자체에 대한 철학적 분석의 태도라기보다는 지루함 속에서 개시되는 자신의 삶 자체에 대한 참회적 태도일 뿐이다.

쇼펜하우어 역시 무신론적 측면만을 제외한다면 지루함에 대한 이해에서 파스칼이나 키르케고르와 별반 다르지 않다. 그에게 지루함은 고통과 더불어 인간이 택해야 하는 양자택일적 상황 중의 하나다.

3   B. Pascal, *Gedanken*, Köln, Parkland Verlag, 1997, s.4.
4   S. Kierkegaard, *Either/Or Par I : Kierkegaard's Writings III*, trans. Howard V. Hong & Edna H. Hong, Princeton University Press, 1987, p.289.
5   라르스 스벤젠, 『지루함의 철학』, 도복선 옮김, 서해문집, 2005, 95~96쪽.
6   라르스 스벤젠, 같은 책, 102쪽.

"왜냐하면 삶이란 것은 고통과 지루함 사이에 내던져져 그 사이를 오락
가락하는 것이기 때문이다."[7] 쇼펜하우어는 파스칼이나 키르케고르보
다 훨씬 더 비관적이다. 왜냐하면 쇼펜하우어는 마치 파스칼이나 키르
케고르의 주장을 예견이라도 한 것처럼 종교나 예술 활동은 모두 지루
함을 벗어나려는 노력의 일환으로 생겨난 것이라고 보며 양자 모두 상
상적 차원의 극복이기 때문에 일시적일 수밖에 없고, 따라서 인간 삶은
여전히 고통과 지루함의 사이에 머물러 있을 뿐이라고 보기 때문이다.[8]

2. 지루함에 대한 자연학적 접근: 데카르트, 스피노자

실제로 지루함을 포함해서 정서에 대한 실질적인 주제적 분석은 17세
기 자연학에서 시작했다고 보아야 한다. 우리가 여기서 17세기 자연학
적 접근이라고 말할 때 염두에 두는 관점은 파스칼과 동시대인 데카르
트의 정념론과 그의 정념론의 비판적 계승자인 스피노자의 정념론이
다. 스피노자가 "아는 한에서 어느 누구도 정서의 본성과 힘을 그리고
정신이 정서의 제어에 관하여 무엇을 할 수 있는지를 규정하지 못했다.
물론 (……) 인간의 정서를 정서의 제1원인을 통하여 설명하려고 했던"[9]
최초의 유일한 사람은 데카르트였다. 데카르트 자신도『정념론』의 서
문으로 붙여진 한 편지에서 정서들에 대한 자신의 연구가 근본적으로
새로운 관점임을 다음과 같이 설득하고 하고 있다. "나의 목표는 정서

7   A. Schopenhauer, *Die Welt als Wille und Vorstellung*, in: Sämtliche Werke Bd. I, Leipzig,
        Insel, 1979, s.432, 438.
8   A. Schopenhauer, *Zur Metaphysik der Musik*, in: Werke, Bd. I, s.573.
9   Spinoza, *Die Etihik*, Lateinish/Deutsch, Reclam, 1997. 251.
        이하 별도의 각주 없이 E.Ⅲ.P 등으로 약칭함.

들을 웅변가나 도덕철학자로서가 아니라 자연학자로서 설명하는 것이었습니다."[10] 스피노자 역시 『에티카』 3부 서론에서 자신은 "인간의 정서와 행동을 이해하기보다는 오히려 저주하며 조소하는 사람들에게 대항"하고자 하며, "만물이 생성하며 한 형상에서 다른 형상으로 변화하는 자연의 법칙과 규칙은 어디에서나 항상 동일하기 때문에"(E.P) 정서의 본성과 정서에 대한 정신의 능력에 대해서도 동일한 자연의 법칙과 규칙을 찾고자 한다.

결국 자연학적 정념론이란 자연학 일반이 연장적 속성만을 갖는 물리적 자연 속에서 원인과 결과의 보편적 법칙과 규칙을 추론으로써 증명하는 것과 마찬가지로, 심신통일적 존재 혹은 심신평행적 존재로서 인간에 고유한 현상인 정서현상을 그것의 원인과 결과 혹은 능동과 수동의 측면에서 탐구하는 추론적 증명이다. 사실 데카르트나 스피노자에게 자연학은 현대적 의미의 자연과학의 성격보다는 고대부터 내려오는 자연철학적 존재론의 의미에 더 가깝다. 흥미로운 점은 그들이 윤리학을 자신들의 고유한 존재론, 특히 인간존재에 대한 고유한 규정들을 기반으로 새롭게 정립하고자 한다는 점이다.

3. 주지주의적 정념론에서 지루함의 분석

데카르트의 정념론이 그 이전의 스콜라철학의 정념론과 구별되는 점은 정서의 발생론적 근원과 존재론적 위상 그리고 기능이다. 먼저, 아

---

10 R. Descartes, *Les passions de l'ame*, Descartes Oeuvres philosophiques III 1643-1650. ed. de F. Alquié, Classiques Garnier, Paris, 1998. 949. 이하 별도의 각주 없이 P 또는 절로 약칭함.

리스토텔레스에서 스콜라철학에 이르는 정념론은 정서의 발생적 근원을 영혼의 일부인 감각에서 찾으며 이에 따라 존재론적 위상에서 보면 정서는 일종의 의지의 표현이다. 따라서 정서는 배제되거나 될 수 있는 한 억제되어야 할 것으로 간주되었다. 반면 데카르트에 따르면 발생론적 근원과 관련해서 정서는 그것을 발생하게 하는 주체로서 몸에서 보면 능동action이지만, 그것이 또 다른 주체로서 마음에서 발생되는 한에서는 수동, 즉 정서passion다.(P.I.1) 둘째, 정서의 존재론적 위상과 관련해서 정서는 몸의 운동을 표현하는 지각으로서 사유의 한 가지 양상이다.(P.I.19) "정서는 표상, 즉 사유의 일종이라는 점에서 영혼 안에 존재하지만, 정서를 발생시키는 원인은 영혼이나 정신적인 것이 아니라 외부대상과 (신체의) 정기들의 운동이다. 좀더 정확하게 말하면 정서가 발생하는 최초의 원인은 외부대상이 우리의 감각기관을 자극하는 것이다."[11] 셋째, 데카르트는 정서를 영혼과 신체의 연합체인 인간의 고유성에서 비롯하는 자연적 조건으로 간주했을 뿐 아니라 인간존재의 보존을 위해 꼭 필요한 것으로 이해하고 있다.(P.I.40)

그러나 데카르트는 능동적 영혼으로서의 의지를 수동적 영혼으로서의 정서와 대립시키면서 전자만이 지성적 통찰에 따를 수 있고, 후자는 혼잡하고 애매한 지각으로서 아주 낮은 수준의 인지적 요소만을 지니기 때문에 결국 그의 정념론에서 지知, 정情, 의意의 분리와 대립 속에서 지성 우위의 관점, 즉 주지주의rationalism적 관점이 부각된다. 왜냐하면 데카르트에게 지성의 통찰에 따른 "의지의 능동성은 영혼이 신체의 직접적 요구를 표현하는 정서들의 힘에 좌우되지 않고, 삶을 잘 보존하기 위해 진정으로 필요한 행위들을 수행할 수 있게 해주는 유일한 능력"[12]이 되기 때문이다.

---

11   서양근대철학회, 『서양근대철학의 열가지 쟁점』, 창비, 2004, 249쪽.

데카르트는 이와 같은 정념론에 입각하여 지루함을 다음과 같이 정의한다. "선한 것이 오래 계속되면 지루함ennui 또는 싫증dégoût을 일으킨다"(P.II.67) "싫증이란 그전에 일어난 기쁨의 원인과 같은 원인에서 오는 슬픔의 일종이다. 왜냐하면 지금 누리고 있는 것은 우리로 봐서 대개 한때밖에 좋은 것이 아니며 나중에는 불쾌한 것이 된다는 식으로 우리는 만들어져 있는 것이다."(P.III.208) 그런데 주목할 만한 것은 데카르트의 지루함은 원초적 정서들에 비해 인지적 요소, 의지적 요소, 그리고 정서적 요소를 모두 갖는다는 점이다. 왜냐하면 우선 최초의 정서인 경이의 경우 선과 악의 판단 없이 새로움과 다름만을 판단하는(P.II.53) 반면, 바로 사랑과 미움이 선과 악의 판단을 수행하며(P.II.56) 사랑과 미움에 의거한 이런 선악에 대한 분별을 전제로 "아직 소유하지 않은 선한 것을 얻고 싶어 하고 또 예측할 수 있는 악을 피하고자 할 경우뿐 아니라 단순히 선한 것을 계속 가지고 싶어 하고 악한 것이 없어지기를 바라는"(P.II.57) 정서가 욕망이다. 그리고 바로 지루함이란 이처럼 사랑하는 선한 것이 오래 계속되면서 미워하는 악한 것이 됨으로써 없어지기를 바라는 욕망이다. 재차 이런 악한 것이 눈앞에 있을 때 발생하는 지루함이나 싫증은 일종의 슬픔이다.(P.II.61) 따라서 지루함은 먼저 사랑과 미움에 의거한 유용성과 유해함으로서 선, 악의 판단을 하는 인지적 요소를 가지며 그리고 선한 것이 악한 것으로 바뀔 때 없어지길 바라는 욕망으로서 의지적 요소를 갖는다. 결국 선한 것이 악한 것으로 바뀌면서 나타는 슬픔이라는 점에서 정서적 요소를 갖는다.

애초에 경이, 욕망, 사랑, 미움, 기쁨, 슬픔이 비록 단순한 정서로서 원초적 정서이지만 시간적 발생에 선후가 있다. 그러나 원초적 정서에서는 시간적으로 선행하는 것이 시간적으로 후행하는 것 안에 내포

서양근대철학회, 같은 책, 252쪽.

되지 않는다. 반면 복합적 정서들은 이런 원초적 정서들이 복합되어 있는 까닭에 경이나 사랑, 미움처럼 인지적 요소와 욕망처럼 의지적 요소 그리고 기쁨, 슬픔과 같은 쾌, 불쾌의 정서적 요소를 갖게 마련이다. 그에 따라 지루함 역시 지, 정, 의의 세 가지 복합적 요소를 갖는다.

그러나 데카르트의 정서들은 궁극적으로 정서적 요소가 배제된 순수한 의지와 순수한 인식능력의 존재를 전제하기 때문에 지루함에 국한해서 보더라도 선과 악에 대한 최종적인 올바른 판단은 사랑과 미움 자체에 맡길 일이 아니고 이성, 지성의 성찰이 필요하며 신체적 정서로부터 자유로운 의지에 의해서 통제되고 억제되어야 한다. 결국 지루함에서도 지, 정, 의의 대립과 주지주의적 관점이 유지되고 있는 것이다.

앞서 확인한 것처럼 스피노자의 정념론은 철저하게 데카르트의 정념론을 비판적으로 계승하면서 이루어졌다. 특히 데카르트가 설정한 지성, 정서, 의지 간의 대립적 관계는 스피노자를 통해서 주의주의voluntarism의 관점에서 재통합된다. 먼저 스피노자에게는 존재를 위한 노력으로서 의지가 인간을 포함해서 모든 존재하는 것들의 본질이다. 의지는 감각적 차원의 의지로부터 상상적 차원의 의지 그리고 지성적 차원의 의지로 구분할 수 있다. 즉 감각, 상상, 지성 등의 인지적 활동은 의지의 다양한 수준을 의미한다. 재차 정서란 의지의 변화다. 감각적, 상상적 의지로부터 지성적 의지로의 변화, 다시 말해 정신이 적합한 인식을 획득할 때 의지가 강화된다는 점에서 능동적 정서가 되며 정신이 지성적 의지에로 나아가지 못하고 감각적, 상상적 의지에 머무를 때, 다시 말해 적합한 인식을 획득하지 못할 때 의지가 축소된다는 점에서 수동적 정서가 된다.

스피노자는 『에티카』 3부에서 정서의 기원과 본성에 대하여 상세한 분석을 수행한다. 앞서 데카르트가 경이, 사랑, 미움, 욕망, 기쁨, 슬픔을 원초적인 정서로 간주했다면 스피노자는 무엇보다 욕망, 즉 의지를 인간의 본질로서 규정하고 기쁨과 슬픔만을 원초적인 정서로 이해한다. 기쁨은 인간의 욕망이 더 작은 완전성에서 더 큰 완전성으로 이행하는 것이라면, 슬픔은 인간의 욕망이 더 큰 완전성에서 더 작은 완전성으로 이행하는 것이다. 그렇다고 기쁨은 무조건 능동적 정서이고, 슬픔은 수동적 정서라고 볼 수는 없다. 왜냐하면 비록 기쁨은 존재역량의 증대를 낳기는 하지만 슬픔과 마찬가지로 여전히 수동성의 형태, 즉 부적합한 인식으로서 감각적, 상상적 의지 수준에서 나타날 수 있기 때문이다. 반면에 지성적 의지 수준에서 나타나는 기쁨이야말로 참된 의미의 행복으로서 능동적 정서다.

그러나 정작 지루함 혹은 싫증과 관련해서 스피노자는 어떠한 해명도 하지 않았다. 스피노자가 지루함을 정서로서 별도로 해명하지 않은 까닭을 우리는 스피노자의 짧지만 파란만장했던 삶 자체에서 찾을 수도 있을 것이다. 그러나 스피노자의 삶이 아니라 그의 자연학적 정념론에 국한해서 본다면 지루함의 분석이 부재한 까닭은 일차적으로 경이admiratio와 경멸comtemptus에 대한 그의 독특한 이해 때문이다. 데카르트가 경이를 원초적 정서 중에서도 새로움과 단순성의 기준에서 볼 때 최초의 원초적 정서로 여기는 반면, 스피노자는 경이를 정서가 아닌 일종의 상상(표상)으로 본다. "경이는 어떤 실재에 대한 상상으로, 여기서 정신은 고착된다. 왜냐하면 독특한 상상은 다른 것들과 아무런 연관도 맺고 있지 않기 때문이다."(E.Ⅲ.D.4) "경이가 정서가 아닌 이유는 이것이 그 자체로서는 아무런 역량의 변이도 낳지 않기 때문이다. 곧 경이는 우리가 새롭게 마주치는 어떤 대상으로부터 생겨나는 상상이어서 우리에게 어떤 기쁨이나 슬픔을 주지 않고 따라서 우리의 존재역량을 증대시키거나 감소시키지도 않는다."[13] 반면 경멸은 경이와 같은 유로서

서양근대철학회, 앞의 책, 109쪽. '경이'나 '정서'는 본문 맥락상 변경함.

정반대 상상이라고 말해도 될 것이다. 왜냐하면 경멸은 "정신이 어떤 사물의 현존에 의하여 그 사물 자체 안에 있는 것보다 오히려 그 사물 자체 안에 없는 것을 상상하게끔 움직여질 정도로 정신을 거의 동요시키지 못하는 어떤 사물의 상상"이기(E.III.D.5) 때문이다.

그런데 스피노자가 미처 고려하지 않았지만 경이에 즐거움, 쾌의 요소가 수반된다면 그것은 이제 사물의 새로움에 대한 상상은 그 새로움을 낳은 원인에 대한 상상으로 사고를 옮겨가도록 하는 사랑을 낳음으로써 일종의 흥미, 호기심으로서 기쁨이 될 것이다. 반면 경멸에 고통, 불쾌의 요소가 수반되면 그것은 이제 경멸을 낳는 사물의 상상(표상)으로부터 그런 특성이 결여된 사물들의 상상에로 옮겨가도록 하게 하는 바로 '지루함', '싫증'으로서 슬픔이 될 것이다. 그런데 호기심이나 흥미는 우선은 상상적 의지를 유발하여 특정한 한 대상이나 여러 대상의 특정한 한 가지 성질만을 지각하는 것이 아니라 동시에 여러 대상을 지각하거나 한 대상의 여러 성질을 지각하게 함으로써, 지성적 의지로 하여금 이 대상이 우리를 포함한 다른 대상과 맺고 있는 필연적 연관을 통찰하기 쉽게 한다. 분명히 우리의 경험으로 보더라도 호기심이나 흥미는 상상력을 발휘해서 사물의 특성, 성질들을 좀더 필연적인 연관성 속으로 포괄하도록 지성적 의지를 동기부여한다. 반면 지루함은 상대적으로 상상적 의지를 결핍적이고 편집광적으로 만든다. 왜냐하면 지루함 속에서 상상적 의지는 지루함을 낳는 특성이 결여될 것으로 기대되는 이런저런 사물, 사건 들에로 여기저기 옮겨가도록 하거나 지루함을 제거해줄 특정한 특성을 이런저런 사물들 속에서 편집광적으로 찾아다니도록 하지만, 그 어디에서도 집중하지도 못하고 지성적 의지가 여러 사물들 간의 필연적 연관 혹은 하나의 사물 안에 있는 다양한 성질들의 필연적 연관에 대한 파악에로 집중하지 못하게 할 것이고 그 결과 존재역량의 위축, 축소를 경험한다. 요컨대 불쾌, 고통을 수반하는 경멸로서 지루함은 일차적으로는 지각적 의지, 의지적 지각의 역량을 더 약화하는 상대적으로 더 수동적인 정서다.

요컨대 스피노자의 관점에서 본다면 지루함은 인간을 지성이 약화되고 상상과 감각만이 강화된 의지로 전락시키고 상상적, 감각적 의지는 인간을 더욱 더 수동적 정서 속으로 빠져들게 하는 악순환에 처하게 한다. 따라서 스피노자의 주의주의에 입각한 지루함의 정서분석이 우리에게 주는 윤리적 함의는 분명하다. 대상들의 결핍적, 편집광적 요인들만을 추구하는 수동적 정서로서, 지루함의 정서들로부터 대상들의 필연적 연결을 추구하는 혹은 하나의 대상 속에서 여러 성질 간의 필연적 연결을 추구하는 상대적으로 능동적 정서로서, 감성적 감수성과 상상적 흥미와 지적 호기심을 갖도록 노력하는 것이다. 그러나 이런 노력은 단순히 의지의 자유로운 결단 혹은 다짐만으로는 될 수 없다. 스피노자에게 신체의 수동과 능동의 질서는 본성상 정신의 능동과 수동의 질서와 일치한다. 흔히 지루함이나 권태 속에는 정신적 게으름뿐 아니라 신체적 나태와 허약함, 둔감함도 한몫을 한다. 스피노자는 "신체가 무엇을 할 수 있는지에 대해서는 지금까지 아무도 규정하지 않았다"(E.Ⅲ.T.2)고 주장하며, 탁월한 정신에 상응하는 신체의 능력의 탁월함을 다양한 각도에서 입증한다. 스피노자에 따르면 "정신이 동일한 대상에 대하여 사유하기에 항상 적합한 것이 아니라 오히려 신체가 이 대상이나 저 대상의 상상을 자신 안에 만들기에 적합함에 비례하여 정신도 이 대상이나 저 대상을 고찰하기에 적합하다는 것을 누구나 경험한다."(E.T.5.S) 따라서 정신이 자신의 의지에 따라 행동할 수 있다고 믿는 것은 의식되지 않는 의지, 즉 욕망이 아닌 충동의 차원에서 신체나 정신을 결정하는 요인들에 대한 무의식, 무지 때문이다. 흔히 정신의 결단이라고 주장하는 것은 충동에 의한 결정에 다름 아니다. 이제 스피노자는 중요한 교훈을 제공한다. "우리의 신체의 활동능력을 증대시키거나 감소시키거나 또는 촉진시키거나 방해하는 모든 것의 관념은 우리의 사유 능력을 증대시키거나 감소시키거나 또는 촉진시키거나 방해한다."(E.Ⅲ.T.11) 따라서 지루함의 정서의 체험, 즉 편집광적이고 결핍적인 감각적, 상상적 의지로 전락하는 것을 막고 상상적 흥미와 지적 호기심의 정념의 체험, 즉 예민하고 풍부한 상상적, 지성적 의지로 상승하도록 하기 위해서는, 다시 말해 인간의 정신이 매우 많은 것을 지각하는 데 적합하게 하기 위해서는 인간의 신체가 한층 더 많은 방식으로 영향받음으로써 적합성을 키워야 한다.(E.Ⅲ.P.14)

4. 지루함의 실존론적-존재론적 해석학: 하이데거

지루함에 대한 주정주의적 접근

하이데거는 인간의 정신활동을 지, 정, 의로 삼분하여 주지주의 혹은 주의주의 차원에서 접근하는 데카르트나 스피노자의 자연학적 접근에 동의하지 않는다. 왜냐하면 하이데거에게 자연학적 정념론은 일종의 심리학일 뿐이며, 심리학적 접근이란 무엇보다 먼저 "의식에로 데려옴ein Zum-Bewusstsein-bringen"[14], "의식화Bewusstmachen"(G.M.98)이다. 이런 반성적 방법은 개시성, 충동, 기분을 각각 영혼 속에서 발생하는 사유함(인식), 의욕함, 느낌이라는 존재자로서 확인하고 발견하려고 한다. 그에 따라 심리학적 접근은 세계를 개시하는 기분, 세계의 가까이에 이르려고 하는 충동, 그리고 세계의 개시성을 모두 현존재와 세계의 "현-존재의 방식Weisen des Da-sein"이 아닌 존재자의 "형식Form, 양상Modus"(G.M.101)으로 잘못 규정한다.[15] 더욱이 하이데거가 보기에 심리학적 접근으로서 반성

14   M. Heidegger, *Die Grundbeggriffe der Metaphysik. Welt-Endlichkeit-Einsamkeit*, Gesmatausgabe 29/30, Vittorio Klostermann Frankfurt am Main. 97. 이하 G.M.97로 약칭함. Sein und Zeit와 Was ist Metaphysik의 경우에도 관례에 따라 각각 S.Z.와 W.M.으로 약칭함.

적 방법은 스스로 이미 이성적 사유라는 점에서 이성적 인간이라는 본
질규정을 전제하고, 기분을 사유함과 의욕함에 부속되는 "수반현상"(S.
Z.185, G.M.100) 정도로 취급한다. 따라서 하이데거는『존재와 시간』뿐
아니라『형이상학의 근본개념들』저작 전반에 걸쳐 심리학적 접근, 반
성적 의식철학적 접근에 대한 지속적인 반대의사를 분명히 표명한다.
그러나 우리의 판단으로 정서에 대한 데카르트나 스피노자의 자연학
적 접근은 순수한 심리학적 접근이라고 보기는 어렵다. 왜냐하면 먼저
스피노자에게 정신의 질서는 사물의 질서와 동일하기에 물리적 자연학
과 독립된 심리학이란 존재하지 않기 때문이다. 또한 데카르트의 정념
론도 비록 정서가 영혼의 양상이지만 외부물체 또는 신체적 운동과 결
합 속에서 이해되며, 데카르트의 주장대로 일종의 자연학이기 때문이
다. 즉 데카르트와 스피노자의 자연학적 정념론은 근대적 의미의 인간
존재론적 정념론이다.

　　그러나 하이데거는 인간 현존재를 분석할 때 지, 정, 의의 세 가지
구조적 계기나 발생적 정초연관에 입각하기보다는 자신의 방법론을
철저하게 기분의 해석학에 맞춘다. 다시 말해 인간본질을 철저하게 기
분, 정서 속에서 접근하는 주정주의적 관점을 취한다. 이제 반성적 방법,
즉 데카르트주의적 방법이 우리 철학함의 근본기분을 한 가지 심리적
현상, 그것도 수반하는 현상의 형식, 양상을 '확인Feststellen'하는 것이라
면 해석학적 방법이란 일차적으로 우리 철학함의 근본기분을 "일깨우

15　의식으로 가져옴으로서 의식화, 즉 반성적 통찰의 심리학적 접근이 과연 현존재와
　　　세계의 존재방식을 항상 존재형식과 양상으로 잘못 이해하는 것인지 의문이다. 본
　　　필자는「후설과 하이데거의 현상학에서 방법의 문제 : 반성과 기분 개념을 중심으로」
　　　『철학논구 제26집』(1998, 서울대학교 철학과) 145~165쪽, 그리고 최근 논문「후설의
　　　타자이론에 대한 하이데거의 비판, 영향 그리고 대응전략」『철학과 현상학 연구
　　　제49집』(2011, 한국 현상학회) 59~104쪽에서 반성과 기분의 보완적 관계에 대해서 논한
　　　바 있다.

는 것Wach-machen"(G.M.91)이다. 물론 일깨움은 잠듦과 대비해서 의식적임과 무의식적임의 대비와 같지 않다. "기분을 일깨우는 자리에서 우리에게 관건이 되는 것은, 그것이 이러한 기분으로서 존재해야 하듯이 그렇게 그 기분을 존재하게 해주는 일이다."(G.M.98) 이런 기분의 일깨움이란 결국 "스스로 드러내는 것을, 그 자신으로부터 드러나는 그대로, 그 자신으로부터 보이게 함"(S.Z.46)으로써 현상학을 현존재에게 적용한 것으로서 실존론적 존재론의 수행이다. 결국 "현상학의 기술의 방법적 의미는 해석"(S.Z.50)이므로 현존재의 기분을 일깨운다는 것은 존재론적 해석학의 수행이다.

하이데거는 인간 현존재의 일상 속에서 발견되는 시간 죽이기의 행동들 속에서 지루함의 두 가지 본질적 구조계기들, '공허 속에 내버려져 있음Leergelassenheit'과 '붙잡혀 있음Hingehaltenheit'을 지루함의 세 가지 형태, 즉 '어떤 것에 의해서 지루해짐', '어떤 것 곁에서 지루해함', '그냥 아무튼 지루함' 속에서 각각 밝혀낸다. 특히 앞서의 자연학적 접근과 달리 하이데거는 지루함의 정서를 철저하게 자신의 독특한 시간관 속에서 해명한다. 즉 하이데거는 지루함을 일종의 "시간정서"(G.M.120)로 본다.

그런데 지루함을 해석하는 과정에서 하이데거는 자신의 반심리학적 방법론적 전략과 반대로 지, 정, 의의 세 가지 정신의 구조적 계기들의 정초연관定礎聯關을 암묵적으로 전제한다. 특히 세 가지 지루함의 기분 세 가지, '공허 속에 내버려짐'의 양상은 "충족의 요구Anspruch auf Erfül-lung", "충만의 필연성Notwendigkeit einer Fülle"(G.M.210)의 세 가지 양상 속에서 가능하고, 재차 이에 대한 충족의 "행위Tun", "방임Lassen" 그리고 "결단Entschlossenheit"의 양상들 속에서 '붙잡혀 있음'이 가능하다. 그에 따라 세 가지 형태의 지루함에는 세 가지 양상의 충동, 욕구가 서로 연결되어 있으며 이런 기분-충동, 정서-욕구의 통일로서 현존재의 존재방식 속에서 현존재, 세계 그리고 세계내부적 존재자들의 발견가능성으로서

48

존재진리에 대한 깨달음, 앎이 정초된다.

지루해짐Gelangweiltwerden von etwas

가장 일상적인 지루함이란 그때그때 우리가 특정의 사물, 사람, 사건들에 의해서 지루해지는 경우들이다. 그러나 하이데거는 이런 지루함의 경험을 단순히 세계내부적 존재자들이 갖는 특성들이 우리의 관심을 끌지 못할 때 혹은 설령 관심을 끄는 특성들이라고 하더라도 반복적으로 경험될 때 싫증이 나는 체험으로 이해하지 않는다. 이런 식의 이해는 철저하게 주체와 객체의 욕구적, 인식적 관계맺음에서 객체가 주체에게 자아내는 체험으로 이해하는 것으로서 하이데거가 반대하는 심리물리적 인과적 접근이다.

하이데거는 지루함의 체험에서 출발하지 않고 지루함을 회피하는 현존재의 일상적 행위, 존재방식에서 출발한다. 내가 무엇인가에 지루해져 시간을 죽이는 행동을 하고 있지만, 재차 그런 시간 죽이기 행동이 지루함을 피어오르지 못하게 하기보다는 더욱 지루함을 부채질하는 경우를 떠올려보자. 거기에는 먼저 우리가 세계내부적으로 만나는 사물들에 대해 그리고 사람들 곁에서 어떤 특정한 욕구를 갖고 있다. 그러나 정작 우리가 교섭하는 사물, 사람 들은 무엇인가를 어떻게 내줌으로써 나의 특정한 욕구를 충족시켜줄 때 그들 나름의 특정한 시간 속에서 이를 수행한다. 그에 따라 사물, 사람 들이 나의 욕구를 충족해주기로 예정되어 있지만 곧바로 나의 바람을 충족시켜주지 못할 때, 다시 말해 나의 욕구의 시간성이 사물, 사람 들의 충족의 시간성에 종속되어 있으면서도 양자가 일치하지 않을 때 나는 사물들의 "머무적거리는 시간zögernde Zeit"(G.M.152)에 '붙잡혀 있으면서' 미충족 상태로서 '공허 속에 내버려져' 있게 된다. 즉 나는 지루해져 있다.

윌리엄 맥도널드는 현대 후기산업사회의 '지루함boredom' 개념과 고대 로마의 '지루한 삶taedium vitae' 개념의 유사성을 하이데거의 지루해짐의 분석처럼 바로 개개인의 시간과 공공의 통제된 시간의 불일치에서 찾는다. "고대 로마인들이나 후기산업사회의 유럽인들은 모두 도시화와 시간의 인위적인 통제로 야기된 체험의 시간적 구조의 변화로 고통받고 있는데, 바로 도시화에 따른 시간의 인위적 통제는 개인의 시간의 공허함, 무의미함을 초래했다."[16] 시간의 인위적 통제의 측면에서 초래되는 지루함이라면 중세 수도승들 사이에서 '한낮의 악마'로 표현되는 'acedia(무관심, 무기력, 게으름)' 역시 boredom과 유사한 관련을 갖는다. 왜냐하면 중세의 수도승들도 당시의 어느 누구보다 교회의 세분화된 예배시간과 기도시간 등에 지배받았기 때문이다.[17] 다만 boredom이나 taedium vitae가 우울함의 병리적 의미에 더 집중해 있다면, acedia는 도덕적 죄악의 의미가 더 강하다. 키르케고르의 지루함의 개념은 전자에 더 가깝고, 파스칼의 지루함은 후자의 의미에 더 가깝다.

하이데거의 지루해짐은 연쇄적 사건들로 발생할 수 있다. 다시 말해 최초 특정한 사물의 머무적거리는 시간에 붙들려 공허 속에 버려져 있을 때, 도구적 사물이나 도구적 타자들의 쓰임새가 결여로 드러나면서 사물들과 사람들 곁에 있음이라는 나의 존재가능이 나 자신에 맡겨질 때, 나는 다른 도구적 존재자나 타인 들에 몰입하는 방식으로 붙잡혀 있음으로써 그런 공허 속에 내버려져 있음으로서 나의 존재가능의 개시를 회피한다. 그러나 재차 이런 새로운 도구적 존재자나 타인 들마저 스스로를 우리에게 내어주는 것을 거부할 때 우리는 재차 공허 속에 내버려지게 됨을 반복하게 된다.

요컨대 특정한 사물이나 사람 들에 대한 욕구의 미충족으로서 공허 속에 내버려짐과 머무적거리는 시간에 의해 붙들려짐으로서 지루해

16　W. McDonald, *Kierkegaard's Demonic Boredom*, Critical Stuies, Amsterdam: 2009, p.59.
17　라르스 스벤젠, 같은 책, 89쪽.

짐의 욕구-기분의 통일 속에서 비록 거스르는 방식이지만 나의 존재가
능이 개시되며 나의 존재가능에 대한 앎, 깨달음이 정초된다.

지루해함Sichlangweilen bei etwas

지루해함이란 딱히 뭔가 특정한 것에 대해 지루해지는 것은 아닌데도
내가 관여하고 있거나 참여하고 있는 활동, 상황 자체가 공허한 체험
이다. 더욱이 그 활동이나 상황 자체가 어쩔 수 없이 관여하거나 참여
한 것이 아니고 내가 스스로 시간을 내어서 관여하거나 참여한 활동
인데도 공허함을 느낄 수 있다. 이 경우 분명히 특정한 사물이나 사람
과의 교섭에서 머무적거리는 시간에 의해 붙들려 있는 것이 아니기 때
문에 그로 인한 미충족 상태로서 어떤 공허 속에 내버려져 있지도 않
다. 첫 번째 지루함에서 사물이나 사람 들의 머무적거리는 시간에 붙들
려 있는 까닭은 그 사물이나 사람 들에게 기대하는 바가 명백히 있기
때문이지만, 반대로 두 번째 지루함은 관여하거나 참여하는 활동 또는
상황으로부터 뭔가를 특별히 기대하는 바가 없기에 그 활동과 상황은
더할 나위 없는 "느긋함Lässigkeit"(G.M.175)을 발산한다. 그러나 하이데
거에 따르면 이런 활동이나 상황에 대한 관여와 참여는 일정한 만족을
주지만 그것은 "가상, 하나의 독특한 불만족"(G.M.177)을 지님을 주장
한다. 왜 독특한 불만족인가? 왜냐하면 스스로를 발 묶고 있는 이런 느
긋함 속에서 "우리 자신을 내맡겨두고sich überlassen, (……) 본래적인 자
기 자신을 뒷전에 내버려두고sich zurücklassen"(G.M.180) 있기 때문이다. 즉
시간을 소모하기 위해 참여한 활동이나 상황 속에서 나 자신의 운명적
실존의 모험을 걸지는 않기 때문에 이런 느긋한 나의 현존재 자체로부터
공허가 형성되는 방식으로 나는 공허 속에 내버려져 있게 된다. 첫 번째 지
루함이 욕구의 미충족 상태로서 공허 속에 내버려져 있음이라면, 두 번
째 지루함은 나 자신이 공허를 형성함으로써 공허 속에 내버려짐이다.
공허감을 스스로 형성한다는 것은 내 스스로가 '우리 현존재 전체의 결

단성'을 만족시키는 활동참여나 상황참여를 하고 있는 것이 아니기 때문이다. 그렇다면 이미 두 번째 지루함에도 세계내부적 존재자에 대한 특정한 욕구나 바람을 넘어서 자신의 본래적 존재가능에 대한 바람, 욕구의 미충족이 전제되어 있다.

나아가 두 번째 지루함의 두 번째 계기인 붙잡혀 있음 역시 첫 번째 지루함의 붙잡혀 있음처럼 사물들의 미적거리는 시간에 의해 사람과 사물 들에게 붙잡혀 있지 않다. 왜냐하면 그 사물과 사람 들에게 뭔가 특별한 것을 바라거나 기대한 바가 없기 때문이다. 이런 활동이나 상황 속에서 나는 시계를 힐끔힐끔 보는 일도 없다는 것은 애초에 활동이나 상황에 참여한 것이 시간을 내어줌으로써 시간을 허비하려는 것이기 때문에 시간의 흐름, 지속에 연연해하지 않는다는 뜻이다. 우리는 참여하고 있는 활동이나 상황 속에서 "현존하는 것(혹은 그 자리에 있는 것)Anwesendes에 대해 완전히 현재적으로(혹은 마주대해)Gegenwart 있게"(G.M.186) 된다. 따라서 우리는 "멈춰 서 있는 시간에 붙잡혀 있다."(G.M.189) 흔히 그런 활동이나 상황에 참여하다보면 그때그때 현재에 충실해지면서 나의 과거에 대한 회고나 성찰, 미래의 결단에 대한 계획, 다짐은 자꾸 잊으려 하고 나중으로 미루게 된다. 따라서 뒷전에 내버려진 본래적인 자기 자신의 시간성으로서 과거와 미래의 피투적 기투, 현실적 실존이 멈추어버린 시간으로서 지금(이제)부터 절단되어 버린다.

앞 단락에서 지적한 것처럼 두 번째 지루함의 첫 번째 계기인 공허를 형성하면서 공허 속에 내버려짐은 바로 현존재의 본래적 실존에 대한 결단의 욕구, 바람이 충족되지 않은 바로 독특한 불만족 상태다. 두 번째 지루함의 두 번째 계기인 다만 멈추어버린 시간으로서 지금, 이제에 붙잡혀 있음을 통해 그런 불만족 상태를 잊으려 한다. 이처럼 본래적 실존에의 결단을 뒷전에 내버려둠이라는 의미에서 독특한 불만족으로서 공허 속에 내버려짐과 멈추어버린 시간으로서 현재에 붙잡혀

있음으로서 지루해함의 통일 속에서 비록 비켜가는 방식이지만 뒷전에
내버려진 현존재의 본래적 존재가능의 개시성, 본래적 존재가능에 대
한 앎, 깨달음이 정초된다.

그냥 아무튼 지루함es ist einem langweilig

세 번째 지루함인 '그냥 아무튼 지루해'에서 우리는 특정한 사물, 사람
들 그리고 특정한 상황이나 활동으로부터 지루함을 느끼는 것도 아니
고 '그냥es' 지루할 뿐이다. 그리고 더 이상 특정한 바람이나 막연한 바
람을 갖고 있는 나 자신이 아니라 '아무튼einem' 지루한 것처럼 나를 포
함한 존재자 전체가 아무래도 좋음, 상관없음, 무관심 속에서 발견된다.
　　깊은 지루함, 본래적 지루함으로서 '그냥 아무튼 지루해'인 세 번째
지루함은 앞서 살펴본 두 가지 지루함과 달리 우리로 하여금 시간 죽
이기를 허용하지 않는다. 하이데거는 이 경험을 다음과 같이 기술한다.

　　지루함을 쫓아 버리고자 시간 죽이기를 하면서 지루함을 거스르
　　는 것도 아니고, 그것을 비켜가는 것도 아니다. 오히려 우리가 지
　　루함 속으로 독특하게 강요되고 있음을, 즉 그것이 우리에게 말
　　해주려고 하는 바로 그것에 우리가 귀 기울이지 않을 수 없게 강
　　요되고 있음을, 즉 독특한 진리 안으로, 즉 개개의 모든 기분 속에
　　놓여 있는 만큼 이 기분 속에도 놓여 있는 그런 개방성 안으로 강
　　요되고 있음을 우리는 경험한다.(G.M.209)

깊은 지루함이 갖는 고유성은 무엇보다 우리에게 이런 시간 죽이기
를 허용하지 않고, 우리가 지루함 속에서 개방되는 것 안으로 강요되
고 있다는 것, 그리고 그 안에서 귀 기울이도록 강요한다는 점에서 찾
을 수 있을 것이다. 우선 깊은 지루함은 어떤 지루함이기에 시간 죽이
기를 허용하지 않는가? 첫 번째 지루함인 뭔가에 지루해짐은 세계내

부적 사물들이 갖는 머무적거리는 시간과 나의 바람의 시간의 불일치에 비롯되는 미충족 상태. 이때 자신의 존재가능이 공허 속에 내버려짐, 즉 자신의 존재가능이 자신에게 내맡겨지는 것을 경험하면서도 뭔가 다른 사물들이나 일거리에 파묻히는 방식으로 붙잡혀 있음을 통해 공허 속에 내버려진 나를 회피한다는 것은 그런 미충족을 실제로는 대리충족하는 것이 아니라 외면한다는 말이다. 두 번째 지루해함에서는 멈춰 있는 현재(이제)에 몰입하면서 나의 본래적 존재가능의 피투적 기투, 현실적 실존이 갖는 과거와 미래가 단절됨으로써 독특한 불만족으로서 공허감을 비껴간다. 그러나 세 번째 '그냥 아무튼 지루해'에서는 "공허 속에 버려져 있음마저도 어떠하든 상관이 없다. 다시 말해 (공허가) 불가능하다."(S.Z.210) 그렇다면 붙잡혀 있음을 통해 공허 속에 있음을 제거할 필요도 없게 된다. 그러나 과연 두 번째 지루함에서 멈춰버린 지금에 붙잡혀 있는데도, 아니 붙잡혀 있음으로써 현존재 자신으로부터 피어오르는 공허감, 즉 나의 본래적 현존재가 뒷전에 내버려져 있다는 사실에 대한 앎, 깨달음마저 아무래도 상관이 없는 것일까?

비록 하이데거는 첫 번째 지루함뿐 아니라 두 번째 지루함으로부터 세 번째 지루함을 분리하고 있지만, 두 번째 지루함에서 형성되는 독특한 불만족으로부터 비롯되는 공허감 속에서 얻어지는 앎, 깨달음은 세 번째 지루함에서 아무래도 상관없음 속에서 존재자 전체 앞으로 현존재가 넘겨져 있음이라는 의미의 공허 속에 버려져 있음과 긴밀한 관련을 맺고 있다. 왜냐하면 멈춰버린 현재, 지금에로의 몰입으로서 붙잡혀 있음이 진짜 성공한다면 현존재 자신으로부터 공허감도 형성되지 않았을 것이고, 다시 말해 독특한 불만족을 느끼지도 않았을 것이고 피투적 기투로서 현실적 실존의 과거와 미래가 지금으로부터 단절되어 있다는 사실도 깨닫지 못했을 것이다. 실제로 그렇게 현재에 몰입하는 것이 비록 일시적이긴 하지만 성공하기도 하며 대개는 그런 현재에로의 몰입이 지루했고 공허했다는 기분에 사로잡히고 본래적 현존재의 내버려짐을 깨닫는 것은 그런 현재적인 활동, 상황으로부터 빠져 나온 뒤에 일어나곤 한다. 그렇다면 비록 단절적인 방식이기는 하지만 이미 두 번째 지루함에서 우리는 현재가 과거와 미래와 나란히 옆에 있는 것이 아니라 시간 그 자체의 지평 안에서 근원적으로 하나를 이룰 수 있다는 사실을 어렴풋이 예감하고 있다. 그리고 바로 이제 아무래도 좋음, 무관심의 의미에서 세 번째 지루함의 첫 번째 계기인 '공허 속에 내버려짐' 속에서 우리는 온전한 시간지평을 얻고 그 지평 속에서 존재자가 전체에서 개방될 수 있는 것이다. 존재자 전체가 '어떠하든 상관없음' 속으로 물러나버리면서 하나의 온전한 폭Weite으로 시간성 전체 안으로 우리가 데려다 놓여진다.

하이데거는 이런 시간성 전체를 세 번째 지루함의 두 번째 계기인 '붙잡혀 있음', 즉 "현존재를 그의 가능성에서 가능하게 해주는 바로 그 것을 알리면서 가리켜 보임"으로서 "이러한 근원적으로 가능하게 해주는 그것의 유일한 날끝Spitze에다 (우리를) 밀쳐대기"(G.M.216)에서. 얻고자 한다. 다시 말해 두 번째 지루함처럼 단절된 방식으로 경험하는 것이 아니라 과거에 대한 "되돌아봄Rücksicht", 미래에 대한 "겨누어봄Absicht", 현재에 대한 "바라봄Hinsicht"(G.M.218)의 삼중적 시야를 한눈에 통찰할 수 있는 순간Augenblick의 시간성의 본질을 깊은 지루함의 두 번째 계기인 붙잡혀 있음의 날끝에 우리를 밀쳐댐, 세움을 통해서 획득하고자 한다.

그런데 존재자 전체의 시간성의 온전한 폭을 순간적으로 통찰할 수 있는 날끝 위에 서는 일은 어떻게 가능한가? 첫 번째와 두 번째 지루함에서 '공허 속에 버려짐'과 '붙잡혀 있음'은 일종의 상호적인 동기 부여적 관계처럼 전자를 벗어나기 위해 후자에로 이행하고, 그러나 재차 후자로 전자가 다시 발생하는 방식으로 서로 결합했다. 여기서는 현존재 자신의 의지가 더 결정적이었다. 그러나 세 번째 지루함에서 애초에 '공허 속에 내버려짐' 속에서 벗어날 수 있는 어떠한 시

간 죽이기도 허용되어 있지 않다. 더욱이 그 속에서 현존재로 하여
금 귀 기울일 것을 강요받고 있다. 외견상 현존재는 깊은 지루함 속
에서 철저한 무기력, 수동적 상태에 놓여 있다. 그러나 하이데거는 이
러한 귀 기울이도록 강요되어 있음을 "절망"(G.M.211)의 상태로 보지
않으며, "가장 내적인 자유"(G.M.205)요, 해방이라고 말한다. 즉 이것
은 깊은 지루함의 첫 번째 계기 속에서 존재자 전체가 자신을 우리로
부터 "거부하면서Versagen" 동시에 "뭔가를 알리며 가리키고ansagende Hin-
weise auf (……)"(G.M.214) 있다는 것이다. 그것은 바로 두 번째 지루함
의 경험들을 수행하는 과정에서 뒷전에 버려졌던 그래서 "경시되었던
brachliegenden"(G.M.212) 가능성이다. 하이데거에 따르면 존재자 전체가
스스로를 나에게 거부한다는 것은 단순히 모든 것이 무의미해지는 유
약한 허무주의의 체험도 아니며 그렇다고 당대의 사회 속에서 절박한
일들, 이를테면 "사회적 비참함 (……) , 정치적 혼란 (……) , 학문의 무
기력 (……) , 예술의 밑빠짐 (……) 철학의 지반상실, (……) 종교의 무
능력"(G.M.243)에 대한 각성도 촉구도 아니다. 하이데거는 '아무튼 그냥
지루해'는 일종의 "독특한 빈곤화Verarmung"(G.M.215), "전체에 걸친 본질
적인 절박함Not"(G.M.243)의 경험이라고 본다. 그러나 이 절박함의 경험
은 바로 본래적인 현존재에로의 결단의 가능성을 알려주며 가리킨다.

　　분명히 세 번째 지루함은 그나마 첫 번째 지루함이나 두 번째 지
루함에 대한 하이데거의 해명에서 암묵적으로 함의되어 있었던 바람,
욕구의 측면은 종적을 감추었다. 왜냐하면 무엇보다 아무래도 좋음으
로서 무관심은 일종의 무욕의 상태인 것처럼 보이기 때문이다. 하이데
거는 『형이상학이란 무엇인가』에서도 깊은 지루함을 해명하는 대목에
서 결코 "우리가 보통 '정서'라고 부르는 그것(기분)은 우리의 사유행위
나 의지행위에 일시적으로 일어나는 수반현상이 아니며, 그러한 행위
에로 몰고가는 단순한 충동Antrieb도 (……) 아니다"(W.M.31)라고 주장한
다. 그러나 '아무래도 좋음'은 무기분, 무욕의 상태가 아니다. 이미 하이

데거가 노발리스Novalis의 시구절을 활용해서 "철학이란 본디 향수요, 어디에서나 고향에 이르려는 하나의 충동Trieb이다"(G.M.7)라고 말하는 것처럼, 깊은 지루함 속에서 아무래도 좋음으로서 무관심은 "현존재의 자유의 가장 내적인 필연성"으로서 "순간의 극단적이자 첫 번째 가능성을 향한 갈망Hunger"(G.M.243)인 것이다. 이처럼 깊은 지루함은 근본기분이면서 근본충동이다. 그리고 이런 기분-충동 속에서 본래적 현존재의 존재가능에 대한 "참다운 앎"(G.M.247)이 정초되는 것이다.

5. 지루함의 자연학과 해석학의 존재론적, 윤리학적 함의

앞서 확인했듯이 지루함에 대한 파스칼, 키르케고르 그리고 쇼펜하우어의 접근은 지루함의 정서 자체에 대한 분석보다는 지루함을 기지의 자명한 체험으로 간주하고 그에 대한 미학적, 종교적 극복의 태도를 강조했다. 흥미로운 점은 이와 같은 태도가 현대인의 태도와 많이 닮아 있다는 것이다. 현대인들은 과거 어느 시대보다도 예술과 종교에 심취해 있다. 거꾸로 보면 현대 예술과 종교는 과거 어느 시대보다 훨씬 대중화, 세속화되어 있다. 그러나 이런 예술적, 종교적 심취 속에서 형이상학과 윤리학은 종적을 감추었다. 그만큼 현대인의 예술적, 종교적 심취는 피상적일 수 있다는 말이다.

그러나 데카르트, 스피노자 그리고 하이데거는 각각 주지주의적 자연학, 주의주의적 자연학 그리고 주정주의적 해석학을 통해 지루함의 체험 속에서 새로운 존재론적, 윤리학적 함의를 끌어내었다. 먼저 데카르트의 주지주의적 관점에서 볼 때 이성적 판단 이전에 한때 좋은 것으로 파악하며 사랑했던 것을 이제는 싫은 것으로 파악하며 미워하는 지루함, 싫증의 정서적 판단은 결국에는 사태에 대한 최종적으로 신뢰할 수 있는 판단이 아니다. 사물이든 사람이든 혹은 활동이든 한때는 좋아했던 그것의 속성을 이제는 싫어하는 속성으로 취급하고 기피하는 지루함, 싫증의 태도는 애초에 대상이나 자기 자신에 대한 이성적 판단에 입각한 올바른 의지적 선택행위가 아니었을 수도 있다. 그렇다면 지루함이나 싫증의 정서는 궁극적으로는 이성적 반성과 의지적 선택을 통해 억제되고 배제되어야 할 경험이 되고 만다. 물론 이런 주지주의적 접근이 현대인들의 쉽게 좋아하고 쉽게 싫증내는 호불호의 변덕스러움에 대한 경계를 시사해준다는 점에서는 윤리적 실천 차원에서 나름 의미가 있을 것이다. 그러나 이 정도의 윤리학적 함의라면 굳이 처음에 데카르트가 윤리학을 새로운 자연학에 기반해서 정립하고자 했던 의도, 목표가 불분명해진다. 다시 말해 『성찰』에서 "사유하는 존재res cogi-tans"로서 인간존재에 대한 제일철학적 규정과 구별해서 『정념론』에서 영혼과 육체의 결합체로서 인간존재에 대한 자연학적 규정에서 그 결합의 일차적 증거였던 정서가 실질적으로 윤리적 실천에서 갖는 역할이 유명무실해지고 만다.

　　반면 스피노자의 주의주의적 관점에서 지루함의 분석은 존재론적으로나 윤리적 차원에서 새로운 함의를 제공해준다. 인간존재의 본질을 존재에의 노력으로서 코나투스conatus에서 찾으면서도 재차 이런 의지를 철저하게 감각, 상상, 지성 등의 인지적 지각능력 차원에서 분절화시키고, 재차 정서를 지각적 의지 혹은 의지적 지각의 강화, 약화로 이해함으로써 지성, 정서, 의지의 새로운 통합적 관계를 설정한 점은 그 이전과 그 이후 어떤 인간존재 규정과도 구분되는 독창적인 스피노자의 인간존재 규정이다. 특히 이런 존재규정의 독창성은 지루함과 호기심의 정서의 대비 속에서 두드러지게 나타날 수 있다. 특히 지루함과 호기심의 정념론 속에서 인간실존에 대한 주의주의적 존재론적 규정은 외부대상에 대한 확장적, 심층적 관계규정들과 긴밀하게 맞물려 있다. 나아가 이런 새로운 주의주의적 존재론을 기반으로서 성립된 스피노자의 윤리학은 정신 차원과 신체 차원의 균형 있는 지각적 의지,

의지적 지각의 발달의 준칙들을 제공하고 있다. 스피노자적 관점에서 본다면 현대인들이 일상에서 자신의 삶과 주변세계에 대해서 수시로 느끼는 지루함과 지겨움이라는 정서는 인간이 자신의 삶과 주변세계에 대해서 얼마나 결핍적, 편집광적 시야를 갖고 있고 있는지를 잘 보여준다. 나아가 지루함은 이런 결핍적, 편집광적 시야가 인간존재를 얼마나 왜소하게 만들고 위축시키는지를 잘 보여준다.

하이데거의 주정주의적 관점에서 지루함의 해석학이 우리에게 주는 윤리학적 이상은 다음과 같다. 우리의 해석으로는 단순히 기분으로서 깊은 지루함만을 느끼기보다는 가장 극단적인 무관심, 아무래도 좋음, 상관없음은 이미 어떤 강한 갈망, 충동임을 깨달아야 한다. 다시 말해 기분은 기분-충동임을 알아야 한다. 그때에만 비로소 자신의 본래적 현존재의 존재가능에로 결단할 수 있게 된다. 물론 재차 기분-충동만을 환기해서 될 일은 아니다. "이런 깊은 지루함을 거스르지 않고, 그것의 기분잡음에 자신이 두루 조율되도록 내맡김으로써, 그 깊은 지루함으로부터 본질적인 것을 귀담아 듣는 일이다." 즉 존재진리에 대한 앎, 깨달음이 필요한 것이다. 물론 그런 존재진리에 대한 앎이 근본적 기분-충동으로부터 정초되어 있지 않고서는 일어날 수 없음은 두말할 필요도 없다.

근대의 증상으로서 지루함

김종갑

1. 과잉 자극과 지루함

컴퓨터로 인터넷 검색을 해보지 않은 사람은 없을 것이다. 정보의 망망대해, 너무나 많은 정보의 풍랑에 일엽편주처럼 떠밀리다가 난파할 위험이 도사리는 정보의 바다가 인터넷이다. 우리나라는 물론이고 세계 각국 지구촌의 뉴스가 초단위로 쇄도한다. 오늘 톱뉴스에는 연예인 양악수술, 대박 난 신품 김하늘 가방, 교육 강국 코리아, 댄싱 위드 더 스타2 예지원, 물에 빠져 고장 난 아이폰 등 손가락이 아파서 헤아릴 수 없을 만큼 수많은 헤드라인이 명멸한다. 이들 헤드라인 사이에서 어떤 연관이나 인과, 논리, 유사성을 찾아보려는 시도는 실패한다. 없는 것을 기를 쓰고 찾으려는 노력만큼 맥 빠지는 일도 없을 것이다. 어찌 보면 이 헤드라인 기사들은 서로 가까이 밀착해 있지만, 얼굴도 성도 모르고 앞으로 다시 만날 일도 없는 사람들이 웅성거리는 혼잡한 지하철을 연상시킨다. 물리적으로는 아침 식탁에 앉은 가족보다 더 가까이 있지만 서로의 마음은 남극과 북극처럼 멀리 떨어져 있는 풍경이다. 이것이 대도시의 전형적인 모습이다. 인터넷 기사가 탈의미화되는 방식과 서울 시민이 탈인격화되는 방식 사이에는 놀랄 만한 유사성이 있다. 의미와 질서의 부재는 곧 인간의 부재를 전제하는 듯이 보인다.

우리의 일상은 인터넷처럼 해독할 수 없는 자극과 소음의 과잉으로 몸살을 앓고 있다. 자동차, 길거리에 쌓인 전단지, 수북이 쌓인 백화점의 상품, 모래처럼 많은 아파트, 넘치는 음식물 쓰레기, 그리고 무엇보다 1천만 명의 서울 시민! 눈을 감아도 귀를 막아도 소용없다. 이 모든 사물과 정보, 자극의 소음들이 우리를 가만히 놔두지 않는다. 이런 자극에 오랫동안 무방비로 노출되어 있으면 눈이 침침해지고 귀가 먹먹해지며 신경이 걸레처럼 너덜너덜해진다. 설상가상으로 안절부절 불안해지기까지 한다. 하늘을 시커멓게 덮으며 날아오는 소음과 자극의 무리 가운데 혹시 중요한 무엇인가를 놓친 채 지나치고 있는지도 모른다. 전단지 사이에 낀 범칙금 지로용지, 자살한 친구의 부음, 동창회 초대장 등이 쓰레기통에 처박히고 있는지도 모른다. 건널목을 건너거나 길을 걸을 때에도 마찬가지다. 언제 급발진하거나 술 취한 운전자의 차량이 벼락처럼 들이닥칠지 모른다. 생각만으로도 오싹해 등에 식은땀이 흐른다. 이런 모습이 울리히 벡Ulrich Beck이 진단한 "불안사회", 한병철이 말한 "피로사회"다.

과잉 정보와 과잉 자극의 한복판에서 누군가 '아! 지루하다'고 말하면 거짓말처럼 들릴 수 있다. 과잉 현실에 적응하기 위해서 우리는 발에 땀이 나도록 뛰고 있기 때문이다. 『이상한 나라의 앨리스』의 붉은 여왕은 대열에서 뒤처지지 않기 위해 잠시라도 속도를 늦추거나 쉴 수가 없다. 정보지연이라는 용어까지도 생겨났다. 지난 달 공터였던 자리에 상가 건물이 들어서고 큰길로 빠지는 앞 도로가 일방통행으로 바뀌었다면, 그러한 변화를 머릿속에 입력하지 않으면 큰일이 난다. 컴퓨터 프로그램도 수시로 업데이트해주어야 하고 스마트폰의 새로운 기능도 배워서 익혀야 한다. 인터넷에 읽어야 할 뉴스가 너무나 많듯이 그나마 그럭저럭 살아가기 위해 업데이트해야 할 것들이 너무나 많다. 세상은 우리를 한가하게 가만히 내버려두지 않는다.

『지루함의 철학』에서 저자 라르스 스벤젠은 바쁠수록 현대인이 더 많은 권태에 노출된다고 주장했다. 그리고 자신의 주장에 무게를 실어주기 위해 경험담을 들려준다. 그가 학위논문을 쓰던 때의 이야기다. 몇 년 동안 끙끙대면서 준비하고 공을 들였던 논문을 완성하고 결

론을 내려야 할 즈음에, 어찌 보면 가장 흥분되고 숨이 가빠야 할 화룡
점정의 시간에 이루 견딜 수 없는 지겨움을 느꼈다는 것이다. 실제로
글을 써본 사람이라면 스벤젠의 경험담은 낯선 이야기가 아니다. 이미
본론에서 할 말을 다했기 때문에 더 이상 할 말이 없다는 느낌이 들기
때문이다. 책읽기의 경험도 크게 다르지 않다. 클라이맥스의 기암절벽
을 통과하고 대단원의 막을 내릴 즈음부터 재미가 시들해지고 김이 빠
지기 시작한다. 연속극을 보다가도 이런 경험을 한 독자가 있을 것이
다. 글쓰기와 책읽기의 일반적인 경험에 지루함이라는 근대적인 현상
을 이해할 수 있는 열쇠가 있다. 여전히 말도 많이 하고 일도 많이 하는
데 김이 빠져서 신명이 나지 않는다.

　　지루함은 게으름이나 따분함과는 다른 시간대와 감성대에서 발
생하는 현상이다. 지금까지 인류의 역사에서 게으른 사람이나 따분한
감정이 없던 시절은 없었다. 할 일 없이 손 놓고 가만히 있으면 무료하
고 따분해지게 마련이다. 이런 때에는 뭔가 신나고 자극적인 구경거리
를 찾아 나서게 된다. 하다못해 강 너머 불구경이라도 좋다. 「봄」에서
서정주는 다음과 같이 노래했다. "복사꽃 피고, 뱀이 눈뜨고, 초록제비
무처오는 하늬바람우에 혼령있는 하눌이어, 피가 잘 도라 (……) 아무
病도없으면 가시내야. 슬픈일좀 슬픈일좀, 있어야겠다." 게으름이 아무
일도 하지 않는 행동의 부재라면, 따분함은 아무 일도 일어나지 않고
자극이 부재하는 상황에서 발생한다. 반대로 지루함은 너무 많은 일과
행동의 틈새에서 일어나는 감정이다. 전근대에는 뭔가 자극적인 사건
이나 정보가 부족해서 탈이었다면, 현대는 자극과 정보의 과부하 때문
에 몸살을 앓고 있다. 지루함은 자극적인 사건과 정보가 포화된 상황
에서 우리가 꾸역꾸역 게워내는 감정이다. 따분함과 지루함의 차이는
극대와 극소, 과잉과 결핍, 홍수와 가뭄, 소음과 적막, 전광석화처럼 빠
른 변화와 화석처럼 느린 변화의 속도, 포만과 굶주림, 비만과 피골상
접, 남한과 북한, 북미와 남미의 차이다. 따분함이 근대의 문턱을 넘으

면서 권태로 바뀌는 것이다.

2. 게으름, 따분함, 지루함

우선 게으름과 따분함, 지루함의 의미를 구별할 필요가 있다. 우리말의
어법에서 지루함과 게으름은 서로 중첩되는 대목을 가지면서 넓은 의
미의 스펙트럼에 걸쳐 있다. 지겹다, 심심하다, 권태롭다, 안일하다, 태
만하다, 나태하다 등과 같은 유의어도 적잖다. 금성출판사 『국어대사
전』에 따르면 지루하다는 "같은 상태가 오래 계속되어 싫증이 나고 따
분하다"로, 게으르다는 "움직이거나 일하기를 싫어하는 성미와 버릇"
으로 각각 정의되어 있다.[1] 좋은 소리도 세 번하면 듣기 싫다는 속담처
럼 변화가 없고 단조로운 반복은 우리를 지루하게 만든다. 이때 게으
름은 도덕적 판단을 바탕에 깔고 있다.[2] 해야 할 일이 산처럼 쌓여 있
는데도 손 놓고 쉬고 있는 것이다. 남구만의 시조 「동창이 밝았느냐」에
서 소치는 아이는 재 너머 사래 긴 밭을 갈지 않고 여전히 단잠에 빠져
있다. 이 점에서 게으름은 부지런함이나 근면에 반대되는 의미를 가진
다. 따분함이나 지겨움에는 그러한 도덕적 판단이 배제되어 있다. 관심
의 초점이 행위가 아니라 객관적 상황으로 이동하기 때문이다. 신경림
의 「어느 8월」에는 "양조장 옆골목은 두엄 냄새로 온통 세상이 썩는 것
처럼 지겨웠다"는 구절이 나온다. 두엄 냄새는 비단 시적 화자뿐 아니

---

1 앞으로 권태라는 용어 대신에 지루함을 사용할 것이다. 『지루함의 철학』의 역자가
13~14쪽에서 밝힌 이유에서다. 이상은 권태를 주제로 한 연작수필을 썼는데 그는
권태를 무엇보다도 변화가 없음, 단조로움으로 정의했다(구연상, 「권태의 현상학」,
『철학과 현상학 연구』, 제20집, 194~195쪽).
2 Isis Leslie, "From Idleness to Boredom", *From Idleness to Boredom*, p.35

라 어느 누구에게도 지겹게 느껴진다는 심미적 판단이 전제되어 있는 것이다. 지겨움을 느끼는 것은 특정한 개인의 무능력이나 도덕적 과실, 지나치게 예민한 후각과는 관계없다.

따분함과 지루함의 차이가 드러나기 위해서는 다음과 같은 질문이 있어야 한다. 남구만의 시조에서 소치는 아이는 밭을 가는 일을 지루한 일이라고 느꼈을까? 그는 자기가 하는 일이 지루하다는 '자의식'을 가지고 있었을까? 의식과 달리 자의식은 자기반영적으로 의식하는 자기 자신을 의식하는 느낌, 느낌을 느끼는 자신에 대한 의식이다. 소치는 아이가 밭을 가는 일이 단조롭고 따분하다고 느끼는 것은 충분히 있을 수 있다. 그러나 따분해하는 자신을 느끼고 의식하는 것은 다른 차원이다. '의식'은 대상을 자각하는 상태로서 바깥을 향한 외향적 지향성을 갖는 반면, 자의식은 자기 자신을 자각하는 상태로서 내부를 향하는 지향성을 가진다. 전자에게는 밭을 가는 일이 문제라면, 후자에게는 그 일을 해야 하는 자기 자신이 문제다. 대상에 몰두하는 전자와 달리 후자는 자기 자신에게 몰두하고 있는 것이다. 톨스토이의 유명한 단편 「바보 이반」은 이러한 차이를 설명하는 데 매우 흥미로운 사례를 제공한다. 이반은 아침 일찍 일어나 시간 가는 줄 모르고 열심히 밭을 간다. 시간이 빨리 가는지 아니면 달팽이처럼 더디게 가는지를 의식할 틈도 없이 일을 한다. 그러나 다른 일꾼들은 밭을 갈면서 자꾸 딴전을 부린다. 시계를 쳐다보면서 중천에 걸린 해가 서편으로 빨리 지지 않는다고 불평을 하고 또 그러한 일을 해야 하는 자신의 처지를 원망한다. 이 이야기에서 톨스토이의 일꾼들은 남구만의 머슴과 달리 게으른 자들이 아니다. 또 일을 하는 행위에서는 일꾼들도 이반과 마찬가지로 바삐 움직인다. 여기서 차이는 일에 대한 의식과 자의식, 몰입의 정도에 있다. 일꾼들의 지겨움은 객관적 사태와는 아무런 관계가 없다. "양조장 옆골목은 두엄 냄새로 온통 세상이 썩는 것처럼 지겨웠다"에서 지겨움이 외부의 대상으로부터 유발되는 감정(의식)이라면 일꾼의 지겨움은 자기 자신을 향한 내적 자의식(권태)에서 기인한다. 지겨움은 따분함의 자의식이며 대상과 무관한 내면적 감정의 발로에서 기인한다.

변화 없음과 단조로움이라는 객관적 상태는 지루함보다는 따분함에 대한 설명이다. 전근대의 주술적 세계에서 변화 없고 단조로운 상황은 당연한 우주의 질서로 간주되었다. 예를 들어 밭을 가는 일은 씨를 뿌리고 양곡을 추수하기 위해 먼저 해야 하는 우주의 순리였다. 삶은 그러한 우주적 순환과 맞물려 있었다. 그러나 진보적 세계관을 가진 근대로 접어들면서 변화 없음과 단조로움이 점차 부정적인 현상으로 의식되고, 새로운 것에 대한 갈망이 지배적인 정서로 자리 잡았다. 전통이 아니라 혁신이 시대의 대세가 된 것이다. 그러면서 전통을 고수하고 변화를 거부하는 행위는 곧 답보와 정체 상태를 의미하게 되었다. 데이비드 랜즈David Landes는 『국가의 부와 빈곤』에서 그러한 관점에서 서양인과 중국인을 다음과 같이 구별했다. "새로운 것만을 열렬히 좋아하는 우리와는 달리, 그들(중국인)은 가장 완벽한 근대의 물건보다도 가장 결함이 많은 고대의 유물을 더 좋아한다." 전통지향적인 사회에서는 지겨움의 감정이 생길 수 없는 것이다.

3. 구한말 조선 사람들의 게으름

구한말 조선을 방문했던 외국인들은 가장 뚜렷하게 눈에 띄는 조선의 특징으로 게으름을 꼽았다. 해야 할 일이 산적해 있는데도 만사 제쳐놓고 태평하게 낮잠을 자는 일꾼들이 많았던 모양이다. 근면과 노동, 자기 절제를 문명의 척도로 삼았던 외국인들의 눈에 게으름은 문명과 비문명, 계몽과 무지몽매를 가르는 기준이었다. 조선에 우호적이었던 『한국과 그 이웃나라들Korea and her neighbours』을 쓴 이사벨라 비숍도 게으름을 조선의 뿌리 깊은 악습으로 한탄했다. 그녀를 태운 거룻배 사공 김

씨의 "게으름은 놀라운 것이었다. 빈둥대고, 늦게 출발하여 일찍 멈추
고 밧줄을 끌 때는 기어가며, 최소한의 노동 지출로 장대나 노를 쓴다
는 것이 그의 방침이었다."[3] 『코리언 스케치Korean Sketch』의 제임스 게일
James Gale이나 『서울 풍물지Korea from its capital』의 조지 길모어George Gilmore,
유명한 소설가 잭 런던Jack London의 한국 방문기도 예외가 아니었다.
"조선 사람들이 노동의 귀중함을 깨닫게 될 날이 올 것이다. (……) 동
양에서처럼 노동력이 값싸고 하인이 많은 사회에서는 게으른 천성을
합리화시키고 만사를 되는 대로 내버려두려는 경향이 있다."[4] 길모어
는 게으름을 천성으로 간주하면서도 다른 한편으로 문명이 아직 전근
대의 상태에 머물러 있는 피치 못할 결과로 보았다. 그에게 근대는 일
을 한 만큼 돈을 버는 자본주의 시장의 원리를 의미했다. 만약 노동의
양과 수입이 비례하는 경제체제가 도입된다면 조선도 서양처럼 근면하
고 성실하게 일할 것이라고 확신했다. 비숍도 그러한 기회가 주어지기
만 한다면 조선 사람들도 얼마나 훌륭한 노동자가 될 수 있는지를 만
주에 정착해서 부유하게 사는 조선 사람들의 예를 들어 설명한다. 그
들은 근면과 성실, 피와 땀으로 낯선 땅에서 부를 축적한 사람들이었
다. 시간은 게으름으로 허비하기에는 너무나 아까운 돈이다. 만주의 조
선 사람들은 시간이 곧 돈이라는 사실을 알고 있었다. 그렇지만 19세
기 말 조선에서는 민중들이 그 사실을 깨닫기에는 시기상조였다. 관료
들의 횡포와 가렴주구가 극에 달하고 있었기 때문이다. 피와 땀을 흘려
일해 모은 재산도 관료들에게 수탈당하기 일쑤였으므로 조선의 민중
은 열심히 일을 해야 할 이유와 동기를 가질 수 없었다. 차라리 게으르
게 빈둥거리며 놀고먹는 게 더 낫다고 생각했다. 노동의 대가가 노동자

3   이사벨라 비숍, 『한국과 그 이웃나라들』, 이인화 옮김, 살림출판사, 1994, 91~92쪽.
4   조지 길모어, 『서울풍물지』, 신복룡 옮김, 집문당, 1999, 89쪽.

가 아닌 관료들의 몫이 되는 미개한 사회, 노동을 해야 하는 민중과 한 가하게 놀면서 먹고 마시는 양반으로 계층화된 사회였다. 일하지 않고 게으른 것이 가진 자의 특권이었다. 그래서 민중들은 낮술에 얼큰하게 취해서 마루에서 잠을 자고 있는 관료의 팔자를 가장 부러워했다.

빈둥거리며 놀기 좋아하는 조선의 민중들은 시간을 아까워하지 않았다. 할 일이 없고 심심하면 무료함을 달래기 위해 떼를 지어 어울리고 시시콜콜 남의 일에 참견하며 간섭하기 좋아했다. 흥미진진하고 자극적인 사건을 찾아서 동네방네 들쑤시고 다녔던 것이다. 그러한 민중들에게 외국인의 등장은 지상최대의 구경거리였다. 당시의 여행기에는 조선 사람들의 과도한 호기심과 엿보기가 기이한 풍경으로서 빠지지 않고 언급되었다. 비숍은 여행하는 길에서 언제나 반복되는 "버릇없고 어떻게 감당해 볼 도리가 없는 사람들의 호기심, 특히 여자들의 호기심"[5]에 대해 끊임없이 불평했다. 한번은 그녀가 머무는 방의 "종이로 된 문이 밀고 당기는 서슬에 다 찢어지고 땀이 번들거리는 전형적인 몽고인종의 얼굴이 찢어진 틈을 메웠다." 나중에는 "군중들이 문고리를 부수고 들어와서 (……) 내 옷을 만져보고 내 머리핀을 빼가고 내 머리카락을 뽑아가고 내 슬리퍼를 살펴보았다."[6] 당시 조선 사람들의 호기심은 상상을 초월할 정도였던 모양이다. 여기에서 그녀에게 특히 놀라운 것은 조선 사람들의 몰염치와 뻔뻔함, 자의식 결여였다. 그들은 그녀가 느끼는 노골적인 호기심의 대상으로 취급받는 데서 오는 불편함이나 거북함, 분노의 감정에 대해서 무지한 듯이 보였다. 다만 서로 웃고 소리를 지르면서 재미있어 할 따름이었다. 그래서 심지어는 "내가 그들과 정말 똑같은 살갗을 가지고 있는지, 똑같은 피가 흐르고 있는

---

5   이사벨라 비숍, 앞의 책, 152쪽.
6   같은 책, 153쪽.

지" 알기 위해서 "팔을 꼬집"기까지 했다.[7] 목사의 딸로서 깍듯한 예의 범절을 배웠던 비숍에게 이러한 무례함은 참기 어려운 것이었다. 예의 범절이란 타인의 감정과 기분을 헤아려서 행동하고, 또 타인의 눈에 자기가 어떻게 보일지를 생각해 조심하고 절제하면서 행동하는 것, 즉 자기 행동에 대한 도덕적 자의식을 가지는 것을 의미한다. 이 점에서 조선 사람들은 철저하게 자의식이 결핍된 사람들, 그래서 "버릇없고 어떻게 감당해 볼 도리가 없는 사람들"이었다.

　　외국인들의 눈에 조선은 시간에 대한 경제관념이 없어 게으른 사람들, 할 일이 없어 심심한 시간에 지나치게 남의 일에 참견하기 좋아하고 호기심이 강한 사람들, 타인이 자기를 바라보는 시선을 의식하지 않는 무례한 사람들이었다. 조선은 너무나 자극이 없어서 조그만 사건에도 과도하게 반응하는 사회였다. 자극의 결핍을 과장된 반응으로 메워주어야 했던 것이다. 외국인에게 특히 신기한 점은 조선 사람들이 자신이 그렇게 행동한다는 것을 모르고 — 자기반성이 없이 — 행동한다는 사실이었다. 바보 이반의 밭에 대한 관계처럼 그들은 외국인을 바라보는 행동에 전념하고 몰두할 뿐, 그러한 자기의 행동을 반성적으로 의식하지 않았다. 그렇지 않았다면 문고리를 부수고 비숍의 방으로 들어올 엄두도 내지 못했을 것이다. 이것은 그들의 게으름과 따분함에 대해서도 마찬가지다. 그들이 게으르다는 것은 부정할 수 없는 사실이다. 그러나 그들은 그렇게 의식하고 있지 않다. 게으름은 양반의 특권이기 때문이다. 그리고 따분하고 무료한 시간에 남의 일에 시시콜콜 간섭하고 지나치게 관심을 보인 것도 부정할 수 없는 사실이다. 그러나 그들은 자신이 지나치게 호기심이 많다고 느끼지 않았다. 외적 자극이 부재한 사회에서는 나비의 사소한 날갯짓 하나가 폭풍우로 확대 재생산되

7　　같은 책, 153쪽.

는 것이다. 뭔가 관심을 가질 일이 있다는 것은 신명나는 일이다. 그 당시는 시간=돈이 아니기 때문에 넋을 잃고 하루 종일 느긋하게 구경하며 두 손을 놓고 쉬어도 좋았다. 따분해하는 자기 자신을 따분해하는 권태의 감정은 그들과는 거리가 먼 이야기였다.

4. 근대의 지루함

샤를 보들레르Charles Baudelaire 『악의 꽃Fleurs du mal』의 일관된 주제 가운데 하나는 지루함이다. 구한말의 조선처럼 그냥 따분해하는 것이 아니라 따분해하는 자기 자신을 따분해하는 내부지향적인 감정으로서의 지루함이다. 그의 권태는 특정한 장소나 특정한 시간에 잠복해 있다가 불시에 그를 덮치는 것이 아니라 때와 장소를 막론하고 공기처럼 그의 주위에 맴돌고 있다. 『악의 꽃』의 서시인 「독자에게」는 권태의 주제에 대한 변주곡이라 할 정도로 권태가 지배적 정서로, 다음과 같이 끝을 맺는다.[8]

> 그중에도 더욱 간사하고 추잡한 놈이 있어
> 놈은 야단스러운 몸짓도 고함도 없지만
> 기꺼이 대지를 부숴 조각을 내고
> 하품 한 번으로 온 세상을 집어삼킬 것이니,

---

[8] 지금부터는 문맥에 따라서 지루함과 권태를 번갈아 쓸 것이다. 우리말 어감에서 권태가 일을 하지 않으면서 느끼는 지루함이라면, 지루함은 일을 하면서 느끼는 권태의 감정이다. 이 글에서는 일하면서 느끼는 권태의 감정에 초점을 맞추었다.

그놈은 바로 권태! 뜻 없이 눈물 고인 눈으로,
놈은 담뱃대를 빨아대며 단두대를 꿈꾼다.
그대는 알리, 독자여. 이 까다로운 괴물을,
위선자 독자여, 내 친구여, 내 형제여.

보들레르는 권태에 악마적인 파괴력을 부여하고 있다. 그런데 그 파괴
력은 능동적이 아니라 수동적이며, 적극적이 아니라 소극적이다. 맛이
나 향이 나지 않는 독약처럼 그것은 야단스런 몸짓이나 고함도 없다.
단지 늘어지게 하품을 하는 것으로 충분하다. 그러면 세상이 박살나는
것이다. 하품을 할 때마다 세계가 박살나는 사건은 물리적이 아니라 의
미와 가치의 차원에서 발생한다. 세상은 무의미하며 삶은 살 가치가 없
다는 느낌에서 권태의 하품이 새어나오는 것이다. 보들레르는 그러한
하품이 자기만의 예외적인 사건이 아니라 우리 삶의 보편적인 조건이
라고 진단한다. 독자와 친구, 형제를 하나로 묶는 공통분모는 다름이
아니라 권태다. 이 파괴적인 권태를 느끼는 사람은 모두 성별이나 지
위, 국적을 막론하고 친구며 형제가 된다. 권태를 느끼는 사람들의 공
동체, 그의 시에서 권태는 근대인의 운명이다.

　　『지루함의 철학』에서 스벤젠은 게으름과 권태의 차이를 "의미의
추구"에서 찾았다. "지루함은 결코 게으른 사람들의 문제가 아니라 의
미를 묻고 의미를 찾는 사람들의 문제이다."[9] 또『불안의 책』의 저자 페
르난두 페소아Fernando Pessoa도 부지런한 사람들에 비해서 "할 일이 없이
게으른 사람들"이 권태를 덜 느낀다고 주장했다.[10] 나무늘보처럼 게을
렀던 구한말 조선 사람들은 권태를 느끼지 않아도 되었다. 이탈로 칼

9　　라르스 스벤젠,『지루함의 철학』, 도복선 옮김, 서해문집, 2005, 61쪽.
10　　페르난두 페소아,『불안의 책』, 김효정 옮김, 까치, 2012, 61쪽 재인용.

비노Italo Calvino의 소설 『나무 위의 남작』에서 주인공이 하는 일은 고작 해야 하루 종일 하늘을 바라보는 것이었다. 그렇지만 그는 권태를 느끼지 않았다. 다른 사람의 눈에 매우 지겹고 지루한 상황에 있었지만 그는 지겹지가 않았다. 톨스토이의 바보 이반도 단조롭고 지겨울 수 있는 밭일을 하루 종일 몰입해서 할 수 있었다. 그렇다면 눈으로 관찰할 수 있는 외면적인 모습은 권태에 대해서 아무런 대답의 실마리도 제공하지 않는다. 권태는 외면이 아니라 내면에, 노동 자체가 아니라 노동자의 자의식에 깃들어 있는 것이다. 보들레르 시의 화자는 세상과 삶이 김빠진 맥주처럼 무의미하고 맹맹하다고 느끼는 자, 살면서도 살아야 할 이유를 찾지 못하는 자다.

지루함은 일 자체가 아니라 무의미한 일을 억지로 해야 하는 자의식에서 발생하는 감정이다. 지루한 주체는 이래도 흥 저래도 흥하며 만사가 시큰둥하고 흥이 나지 않으며 의욕을 느끼지 못하는 상황에 처해 있다. 일을 하든지 하지 않든지 차이가 없으며 일을 하고 있지만 그 이유와 필요를 느끼지 못하는 어중간한 상태다. 이는 일을 해야 한다고 다짐하면서도 일하기 싫어서 손 놓고 쉬고 있는 게으름과는 다른 감정이다. 「권태의 연구」에서 바딜R. W. Bargdill은 자기가 느꼈던 권태의 경험을 다음과 같이 묘사했다.

내가 마지못해 학교에 가는 날은 공부하는 대신에 앉아서 인터넷을 검색하고 채팅방에서 오가는 시시껄렁한 대화를 읽는다. 여러 채팅방을 오가면서 엄청나게 많은 대화를 읽게 된다. 나는 심슨의 채팅방에서 이야기를 주고받는 접속자들이 무슨 이야기를 할지 뻔히 안다. 나도 거기에 들어가서 대화에 참여하기도 한다. 하루에 1시간쯤, 어떤 때는 하루에 6시간을 인터넷에 소모한다. 얼마나 웃기는 일인가? (중략) 나는 그렇게 시간을 낭비하는 내가 한심하다고 생각한다. 지금 돌이켜 생각해보면 거기서 허비한 시간이 너무나 아깝기만 하다. 컴퓨터 앞에 앉아서 하루에 4시간, 심하면 8시간을 그런 멍청한 대화, 아무런 의미도 없는 일에 허비하다니. 나도 그것이 멍청한 짓이라는 걸 알고 있다. 만약 책을 읽었더라면 훨씬 유용한 시간이 되었을 텐데.

위의 고백은 여러 가지 점에서 보들레르가 '내 형제'로 부르는 권태의 전형적인 특징을 보여준다. 우선 아무것도 하지 않는 게으름뱅이와 달리 바딜은 인터넷에서 채팅을 열심히 한다. 인터넷은 온갖 정보와 뉴스, 게임, 채팅의 망망대해로 그는 채팅방에 오가는 수많은 대화를 읽을 뿐 아니라 스스로도 거기에 참여해 글을 쓰는 행위에 임하고 있다. 그런데도 그는 아무런 흥미를 느끼지 못한다. 대화의 내용은 읽지 않아도 쉽게 짐작할 수 있는 뻔한 것, 따라서 읽거나 읽지 않거나 별반 다름이 없는 시시한 것들이기 때문이다. 이 양적으로 엄청난 정보의 바다에는 그러나 그가 의미와 가치를 부여할 만한 내용은 눈을 씻고 찾아봐도 없다. 하품 한 번 하지 않았는데도 이미 정보의 의미는 집어삼켜지고 뻥 뚫린 구멍으로 남아 있다. 그런데도 그는 계속해서 인터넷 검색을 하고 채팅하기를 멈추지 않는다. 심지어 하루에 8시간을 소모하기도 한다. 그가 구한말 조선 사람처럼 자기가 하는 행위의 무의미함을 몰라서나 자기의 행위에 대한 자의식이 없어가 아니다. 어느 누구보다도 자신이 얼마나 어리석게 시간을 낭비하고 있는지 잘 알고 있다. 그러면서도 그는 강박증환자처럼 컴퓨터 앞을 떠나지 않는다. 악순환에서 탈피하지 못하는 것이다.

채팅방에서 오가는 대화의 내용을 뻔히 꿰고 있다는 점에서 바딜은 이미 채팅에 이골이 난 사람이다. 처음으로 채팅방에 접속했을 때에는 흥미진진했을 것이다. 사랑에 빠지듯이 채팅에 흠뻑 빠져들었던 때도 있었을 것이다. 그러나 일정 기간이 지난 지금은 반복되는 자극에 감각이 마비되듯이 그는 더 이상 흥미를 느끼지 않는다. 오가는 대화의 내용을 너무나 잘 알고 있으며 사소한 차이는 눈에 들어오지 않기 때문에 일련의 뻔한 대화의 반복으로 경험될 따름이다. 이때 그가 취하는 태도는 짐멜George Simmel이 대도시의 특징으로 손꼽았던 시큰둥한 태도blasé다. 1천만 인구가 밀집한 서울에 사는 시민들이 주위의 사람들에 대해서 무관심해지듯이 바딜도 대화의 과잉에 질려서 이제는 어떠한 자극에도 시큰둥한 태도를 취하는 것이다.

5. 지루함에서 의미의 창조로

이 글의 서두에서 말했듯이 현대는 과잉 자극의 사회다. 가만히 있어도 '~하라'는 명령이 귓전을 울리는 사회, 그리고 '~을 하지 않으면 대열에서 뒤처질지 모른다'는 불안감에서 헤어나기 힘든 피로사회다. 우리는 ~하기 위해서 시간을 아껴야 하며 낭비하면 안 된다는 강박관념을 가지고 있다. 남는 게 시간이라는 말은 이제 옛말이 되었다. 분초의 단위로 시간을 쪼개서 최대한 효율적으로 사용해야 한다. 이와 같이 시간이 돈으로 환산되면서, 시간제로 봉급을 받는 직원처럼 우리는 시간의 피고용자가 되어버린다. 하는 일이 없이 한가하게 시간을 보내면 뭔가 큰 잘못을 저지르는 것 같은 죄책감을 느낀다. 시간에 대한 엄청난 자의식을 가지고 있는 것이다. 현대인은 이러한 강박관념과 자의식에서 벗어날 수 없다.

개화기의 조선 사람들은 그러한 자의식이나 강박관념이 없었다. 강물처럼 그냥 남아도는 것이 시간이었으므로 절약하며 아까워할 필요가 없었다. 엄밀하게 말해 딱히 시간을 낭비한다기보다는 시간=돈이라는 관념을 가지고 있지 않았다. 따라서 급하게 할 일이 없으면 만사 제쳐놓고 느긋하게 휴식을 취하고 여유를 즐길 수 있었다. '게으름의 미학'이라고 할 수 있는 사회였다. 그러나 시간이 돈으로 환산되는 근대로 접어들면서 그러한 여유가 자취를 감추기 시작했다. 바로 이 지점에서 바딜과 조선 사람들의 차이가 드러난다. 논문의 중압과 스트레스에서 벗어나기 위해 바딜은 잠시 손을 놓고 한가하게 시간을 보낼 수도 있었다. 그러나 그는 일하지 않고 놀면서 오히려 논문을 쓸 때보다도 더욱 많은 스트레스를 받는다. E. P. 톰슨이『영국 노동계급의 형성 The Making of the English Working Class』에서 영국과 아일랜드의 차이로서 지적했던 것이 그러한 게으름에 대한 태도의 차이였다. 당시 세계의 산업이며 공장이었던 영국에 비하면 아일랜드는 조선과 마찬가지로 아직 문명화되지 않은 가난한 나라였다. 그런데 톰슨은 시간에 대한 태도에서는 풍요와 빈곤의 관계가 역전되어 있다는 사실을 발견했다. 영국 사람들은 아일랜드 사람들과 달리 자유롭고 느긋하게 한가한 시간을 즐길 수 있는 정신적·심리적 여유가 없었다. 시간=돈이라는 관념이 의식의 일부가 되면서 그러한 심적 여유를 상실하게 된 것이다. 그래서 논문을 쓰지 않는 시간에도 가만히 있지 못하고 계속해서 인터넷을 검색하고 채팅을 하는 바딜과 같은 현대인의 전형이 탄생했다. 이때 바딜에게는 한편으로는 일을 하고 있지만 다른 한편으로는 일을 하고 있지 않은 기이한 모순이 발생한다. 그는 겉으로는 열심히 일을 하고 있는 듯이 보인다. 그러나 실제로는 일을 하고 있지 않다. 육체와 정신이 남극과 북극처럼 분리되어 있는 것이다. 그리고 설상가상으로 그의 정신은 부지런히 움직이는 자신의 육체적 활동을 어리석고 무의미한 것으로 바라보고 있다. 일하고 있는 자신을 남처럼 멀리서 바라보며 판단하는 자의식이 작동하는 것이다. 이러한 자의식에 투영되면 게으르고 따분할 수 있는 시간은 권태에 짓눌린 시간으로 바뀌어버린다.

전근대의 문명을 연구하는 인류학자들이 관심을 갖는 주제 가운데 하나가 지루함과 권태의 감정이다. 문명화되지 않은 부족사회에도 현대인들이 느끼는 권태의 감정이라는 것이 있을까? 이 질문에 대답하기 위해서 무샤바쉬Yasmine Musharbash는 오스트레일리아의 원주민인 왈

피리Warlpiri 부족의 마을에 체류하면서 그들의 생활과 풍속을 관찰했다. 그 결과 이 부족에게는 권태라는 개념이나 낱말이 없었으며, 그에 상응하는 감정도 발견되지 않았다. 권태에 가장 근접한 감정이 따분함이었다. 한 부족민은 그의 질문에 다음과 같이 대답했다.

"캠핑을 가야 하는데 그러면 염두무스Yuendumus 마을은 주말에 따분해요. 사람들이 없어서요."

"마을에 사람도 없고 할 일도 없으면 모두가 한 장소에 앉아 있습니다. 따분한 것이지요. 그래서 '여기는 정말로 따분해'라고 말하기도 합니다. 사람들이 없으면 따분하거든요.'"[11]

왈피리 부족에게 따분함은 함께 어울릴 사람들이 없다는 사실, 함께 일할 것이 없다는 사실에서 유래한다. 캠핑을 떠났던 사람들이 마을로 돌아오는 순간에 따분했던 감정은 봄눈 녹듯이 쉽게 사라져버린다. 함께 있는 것만으로 충분히 기쁘고 행복한 것이다. 이 점에서 그들의 따분함은 대중 속에서 현대인이 느끼는 권태와는 성격이 판이하게 다르다. 현대인들은 주위에 사람들이 없거나 대화를 나눌 상대가 없어서 권태를 느끼는 것이 아니다. 그와는 정반대의 상황이다. 바딜은 인터넷에서 수많은 사람과 접속하고 이야기를 주고받지만 권태의 하품을 참을 수가 없다. 양적으로 풍성한 대화에 정작 알맹이가 없다고 느껴지기 때문이다. 혼자서 아무것도 하지 않으면서 생기는 감정이 따분함이라면 사람들에 둘러싸여 분주한 가운데 찾아오는 텅 빈 것 같은 진공상태가 권태다.

권태의 감정은 뜨겁지도 차갑지도 않은 중간 감정이다. 분주하게 일을 하는 듯 보이지만 한가하며, 즐거운 듯 보이지만 지겹고 따분해

11 Musharbash, Yasmine, "Boredom, Time, and Modernity: An Example from Aboriginal Australia." *American Anthropologist* 109. 2, 2007, p. 310.

하는 감정이다. 하이데거는 권태를 "다자인^{Dasein}의 심연에서 소리 없이
피어오르는 안개처럼 뒤척이는"[12] 상태, 혹은 "무관심의 말없는 안개"[13]
로 표현했다. 안개는 사물의 얼굴과 표정을 지워버린다. 해밀튼^{Hamilton}
은 "졸리는 듯한 권태", 스벤젠은 "불면의 상태"로 각각 묘사했다. 이러
한 진단에서 공통되는 특징은 이것도 아니고 저것도 아닌 중간 감정이
다. 이러한 중간 감정은 마음과 몸의 분리와 맞물려 있다. 톨스토이의
일꾼과 바딜의 몸은 각자 밭과 컴퓨터 앞에 있지만 마음은 다른 곳에
데에 가 있다. 그러나 그 다른 공간이 낭만주의자들이 상상력의 날개를
펼치고 날아가는 유토피아인 것은 아니다. 이 근대인의 마음에는 마땅
히 정착할 고향이 없다. 그리고 그의 마음은 자기에게 고향이 없다는
사실을 부단히 의식하고 있다.

따분함과 달리 권태의 감정은 지극히 근대적 현상이다. 너무 많
은 정보와 자극 그리고 쾌락에 물려서 시큰둥해진 태도, 바쁘게 움직이
는 생활의 중심에 의미가 없다는 자의식에서 유래하는 감정이다. 보들
레르『악의 꽃』의 화자처럼 세계에는 이제 더 이상 재미있거나 새로운
것은 없다는 자의식의 늪에서 허우적거리는 것이다.[14] 그렇다고 권태
를 전적으로 부정적인 현상으로 보아야 한다는 것은 아니다. 권태의 배
후에는 보다 충일하고 보다 행복한 삶에 대한 요구가 버티고 있다. 더
욱 아름다운 미래에 대한 희망을 가지고 있지 않다면 우리는 그냥 주
어진 현실에 적응하면서 만족하는 법을 배우게 될 것이다.[15] 구한말 조

12   Heidegger, Martin, *The Fundamental Concepts of Metaphysics:* World, Finitude,
      Solitude, Bloomington: Indiana University Press, 1995, p. 77.
13   같은 책, p. 309.
14   스벤젠은 낭만주의 시대 이후로 권태가 출현했다고 주장했다.
15   Peter Conrad, "It's Boring: Notes on the Meanings of Boredom in Everyday Life",
      Qualitative sociology, 20 (4):465~475, p. 466.

선 사람들이 그랬다. 이런 이유 때문에 빈곤한 나라보다 풍요로운 나라에 사는 사람들이 권태를 더욱 많이 느낀다. 독일을 대상으로 조사한 통계에 의하면 1952년에 26퍼센트였던 권태의 비율이 1978년에는 38퍼센트로 늘어났다고 한다. 여유 없이 하루하루 간신히 끼니를 때우는 사람들은 멈춰 서서 자신의 삶이 의미가 있는지 없는지에 대해서 자문하지 않는다. 그런 질문을 던지면서 자신을 반추해보지 않기 때문에 따분한 일상도 아주 지겨운 것으로 의식하지 않는다. 자의식이 없으면 권태의 감정도 발생하지 않는 것이다.

이런 권태에서 탈피하기 위해 음주나 약물, 아니면 암벽등반이나 히말라야등반과 같이 극한 체험 운동에 의존하는 사람들도 생긴다. 그럼으로써 자신이 권태로워한다는 자의식의 과잉에서 탈피하려는 것이다. 그러나 권태는 그러한 극한체험으로 회피할 수 있는 우발적인 사건이 아니라 중심을 상실한 현대인의 삶의 불가피한 일부다. 삶의 중심이 실종된 세계에서는 권태를 느낄 수밖에 없다. 그렇다면 권태는 우리가 정면으로 직면하고 대결함으로써 개인적으로 해법을 모색해야 하는 과제이며 도전이 된다. 「취하세요」에서 보들레르는 술이나 시詩, 혹은 윤리적 행위에 취하는 길을 권장했다. 여기에서 중요한 것은 자의식을 잃을 정도로 취하라는 도피의 명령이 아니라 의미에 취하라는, 의미로 다시 세상을 재주술화再呪術化하라는 권유다. 「라미아Lamia」에서 존 키츠John Keats는 "한때 하늘에 걸려 있던 휘황찬란한 무지개"가 근대의 공간에서는 사라지고 말았다고 한탄했다. 그러나 그는 이 시를 쓰는 행위를 통해서 '휘황찬란한 무지개가 걸린' 우주로 재의미화할 수 있었다. 권태를 경험한다는 것은 우리가 새로운 의미를 창조하고 무미건조한 일상을 재주술화해야 한다는 요청인 것이다.

우리는 왜 지루함을 참지 못하는가

— 재미중독 사회와 권태의 재발견

김운하

1. 신기한 거울 나라의 앨리스

지난 해 4월 초, 나는 KTX를 타고 있었다. 평일이라 빈자리가 많았고 느긋한 마음으로 창밖을 내다보았다. 통로 건너편 자리에는 이십 대 초반으로 보이는 청년이 혼자 앉아 있었다. 귀에는 이어폰을 꽂고 좌석에 달린 작은 탁자 위에는 태블릿PC가 올려 있었다. 그 옆에는 스마트폰도 나란히 놓여 있었는데, 청년은 연신 손가락으로 마치 피아노를 치듯이 태블릿PC와 스마트폰의 스크린을 터치하거나 문자판을 두들겼다. 목적지에 도착하는 순간까지 그의 행동은 결코 달라지지 않았다.

이윽고 갈아탄 전철 안에서도 내 시야에 들어온 풍경은 별로 달라지지 않았다. 승객 중 대다수가 디지털 기기에 '접속중'이었다. 이젠 누구나 다 인정하듯이 디지털화된 대한민국 사회는 어디서나 항상 '접속중'이다.

스마트폰은커녕 휴대폰도, 인터넷도 심지어 한때 '삐삐'라고 부르던 무선호출기조차 없던 시절이 있었다. 1990년대 들어서 무전기처럼 생긴 휴대폰이 처음 거리에 등장했고 1990년대 후반이 되자 인터넷이라는 것이 우리의 삶 속으로 들어왔다. 인터넷과 휴대폰의 등장에서 그것이 하나의 스마트폰 같은 작은 멀티미디어 기기로 통합되기까지 고작 20여 년밖에 걸리지 않았다.

20년 전과 현재를 머릿속에서 비교해보면서 나는 새삼스런 충격과 당혹감에 휩싸였다. 마법적인 시대. 나는 지금도 '마법적'이라는 단어 외에 더 적절한 단어를 떠올리지 못하는데, 실제로 우리는 정말로 신기한 마법의 왕국 시대에 살고 있기 때문이다.

21세기 디지털 혁명이 가져다준 세상은 SF적인 마법의 왕국이다. 마치 루이스 캐럴 소설의 주인공 앨리스가 토끼를 쫓아갔다가 빠져든 이상한 나라 혹은 거울 너머에서 발견한 마법의 세계 같은 기이한 세상. 우리가 인터넷이나 태블릿PC 또는 모바일폰에 접속하는 순간 우리는 앨리스처럼 이상하지만 너무나 재미있고 매혹적인 또 다른 세계 속으로 빠져든다. 디지털 기기들의 스크린은 『거울나라의 앨리스』의 주인공 앨리스를 이상한 나라로 빨려들게 만든 '거울'과도 같은 역할을 한다.

그런데 이 마법적인 세계는 너무 재미있다 못해 치명적이기까지 한데, 마치 가시를 숨기고 있는 장미처럼 무언가 우리를 위험하게 만드는 요소들을 감추고 있다는 생각을 나는 떨칠 수가 없다.

마치 앨리스로 하여금 거울 너머 세계의 황홀한 마법에 매혹되어 현실로 돌아온 후에도 자꾸만 거울 너머의 세계로 되돌아가고 싶게 만들고, 심지어는 차라리 영원토록 그 세계에 머물고 싶도록 갈망하게 만들어버리기나 하는 것처럼 말이다. 우리는 이런 질문을 던질 수 있다. 거울 속으로 뛰어들기만 하면 밋밋하고 심심하고 또 지루하기까지 한 바깥세상과는 판이하게 다른 마법의 세상으로 들어갈 수 있는데 과연 앨리스는 단 한 번 거울나라를 다녀온 것으로 만족할 수 있을까? 그 거울이 계속 마법을 부릴 수 있다면 앨리스는 계속해서 거울나라를 방문하고 싶어 하지 않을까? 마법의 거울나라에 비한다면 거울 바깥의 진짜 현실세계는 얼마나 초라하고 궁핍한가?

2. 우리는 모두 디지털 노예인가

지금 한창 진행중인 디지털 혁명의 총아인 스마트폰부터 이야기해보자. 사실 스마트폰은 그 정체성이 아주 기묘한 기계다. 인간이 만들어낸 기술적 발명품 가운데 이 스마트폰처럼 기묘하고 기상천외한 발명품도 없다. 이것은 휴대용 컴퓨터이기도 하고 텔레비전이기도 하며 오디오, 극장, 게임기, 전화기, 녹음기, 사진기, 백화점, 은행, 책, 신문, 소셜네트워크서비스SNS, 내비게이션 등 마치 다용도 스위스 칼처럼 무한한 용도에 활용할 수 있는 만능 연장통이자 사무용 기기이며, 무엇보다 무한한 재미와 쾌락을 제공하는 엔터테인먼트 기기이기도 하다. 한마디로 활용도가 무궁무진한 환상적인 기계인 것이다. 그런데 스마트폰이 대중화된 지 몇 년 지나지도 않은 지금 벌써 노모포비아에 대한 사회적 우려가 점점 커지고 있다.

실제로 스마트폰이 대중적으로 보급된 지 고작 2년밖에 지나지 않은 지금 스마트폰 사용자는 이미 3천만 명에 육박하고 있다. 2012년 5월 19일 중앙 일간지 〈서울신문〉에는 커버스토리로 스마트폰중독의 위험을 다루는 기획물을 실었다. 그 제목 또한 섬뜩하다. "스마트폰의 노예들." 〈서울신문〉뿐 아니라 최근에는 거의 대부분의 언론매체에서 디지털중독의 위험에 대해 기사나 칼럼 등을 통해 일제히 경고하고 나섰다. 그리고 최근에 등장한 병리학적 신조어가 바로 '노모포비아Nomo-phobia'라는 것이다. 노모포비아란 '노 모바일폰 포비아no mobile-phone phobia'의 준말로, 스마트폰이 곁에 없을 때 느끼는 심리적 불안감을 뜻하는 신조어다. 스마트폰이 손에서 떨어진 상태로 5분을 채 버티지 못한다면 노모포비아 수준으로 봐도 무방하다.

자료에 따르면 일반 사용자(평균 3시간)보다 스마트폰중독자의 1일 평균 이용시간은 8.2시간으로 거의 3배 수준이다! SNS 사용시간은 평균 59.7분으로 집계되었다. 또 한국정보화진흥원의 조사에 따르면 인터넷중독자가 10명 중 1명인 것에 비해, 스마트폰중독자는 4명에 1명꼴로 빠르게 늘고 있다. 디지털중독이라고 부를 만한 현상들은 인터넷과 게임, 스마트폰 전반에 걸쳐 폭넓게 나타난다. 그러나 언론에서 떠드는 디지털중독이나 노모포비아 현상은 다만 징후적으로 드러나는 몇몇 현상에 대한 피상적인 사실의 나열이나 현상 보고에 불과하다. 중요한 문제는 인터넷과 스마트폰의 등장과 같은 디지털 미디어 혁명이라는 기술적 변화가 무엇을 의미하며 그것이 사회와 개인의 삶을 어떻게 바꿀 것인지와 어떤 영향을 미치게 될 것인지에 대한 보다 엄밀하고 진지한 분석이다.

사실은 앨리스가 빠져든 거울나라와 같은 마법적인 가상현실세계의 도래는 이미 인터넷이 등장한 때부터 어렴풋하게 예고되었던 것이기도 하다. 특히 언제나 휴대할 수 있는 스마트폰 시대의 등장은 10년 전과는 또 다른 가상현실세계의 풍경을 전면적으로 드러냈다. 그리고 여기에는 기술이 그것을 가능케 한 몇 가지 차별화된 특징들을 가지고 있다.

첫째 그런 디지털 기계가 개인의 신체와 직접적으로 연결되어 사실상 개인 자체의 일부를 이루는 완전한 개인화다. 둘째 그것은 마치 신처럼 언제 어디서나, 우리 몸의 일부처럼 우리가 머무는 모든 곳에 존재하는 완전한 편재성이다. 셋째 그것은 언제 어디서나 필요한 순간에 즉각적으로 욕구를 만족하게 하는 완전한 즉각성을 달성했다. 마지막으로 가장 중요한 것으로 인간과 기계의 직접적인 결합, 즉 기계와 신체의 결합 강화, 즉 기계의 신체화다. 우리가 앞으로 가장 주목해야 하는 중요한 사실이 바로 그것이다. 점점 더 강화되는 인간의 사이보그화. 모든 21세기형 인간은 이미 모두가 사이보그다. 사이보그가 유기체와 기계체 간의 융합과 합체를 의미한다면 성형수술, 인공보철기구, 인공장기, 손상된 신체를 유전공학적으로 복원하는 인공재생술, 그리고 최근에 부상당한 병사들을 대상으로 성공적으로 구현되고 있는 인공팔

다리의 출현 등은 21세기형 인간은 사실상 모두 기술화된 신체, 즉 인공신체이고 그런 의미에서 모두가 사이보그라고 정의 내려도 무방할 것이다. 인간의 사이보그화는 이미 실제적인 현실이다.

2012년 4월 초 구글은 영화 〈매트릭스〉가 보여주는 뇌와 기계가 직접 접속하는 단계로 전환되기 이전의 중간 단계라고 할 수 있는 한 단계를 선보였다. "프로젝트 글라스Project Glass"는 말 그대로 안경처럼 쓰고 다니는 컴퓨터다. 나는 유튜브 동영상으로 구글 아이의 시연 동영상을 보고 충격적인 전율을 느꼈다. 안경을 쓰는 순간, 사람은 증강현실 속으로 들어간다. 증강현실Augment reality이라는 개념 자체도 지난 10년 사이에 등장한 새로운 단어다. 그것은 현실세계에 컴퓨터 기술로 만든 가상물체와 정보들을 융합하고 보완해주는 기술을 말한다. 현실세계에 실시간으로 부가정보를 갖는 가상세계를 더해 하나의 영상으로 보여주므로, 그것을 혼합현실MR, mixed reality이라고도 한다. 실제현실에 가상현실이 겹쳐지고 뒤섞이는 이런 현실은 현실, 가상현실에 이은 제3의 현실Reality이라 부를 수 있다. 2014년경 상용화된다는 그것이 의미하는 바는 현대 기술의 필연적인 수렴 방향인 기술-신체의 융합 과정이 마침내 본격화되기 시작한다는 신호다. 그것은 진정 SF영화에서나 볼 수 있었던 환상적인 매트릭스 세계가 머지않아 도래한다는 가시적인 신호다.

3. 재미와 재미중독 사회의 도래

위에서 말한 네 가지 현상은 21세기 초 디지털 혁명이 가속화되는 놀라운 시대를 살아가는 우리 삶의 기술, 사회적 조건을 이루는 것들이다. 내가 이런 기술적 조건들을 심각하게 생각하는 까닭은 디지털 혁명이 초래할 사회적 변화에 잠재하는 커다란 위험 때문이다. 그 위험이란 가상현실이 극단화될 때 출현하는 매트릭스 세계가 제공하는 재미에 중독되어버리는 나르시시즘적인 쾌락과 향유 주체의 등장이다. 한마디로 말해, 재미중독 사회의 도래다.

'재미중독 사회'란 어떤 사회인가? 그것은 바로 시간이 정지되어버린 것 같은 지루함이나 따분함을 조금도 참지 못하고 첨단 미디어 장치들이 제공해주는 유혹적이고 마법적인 거울나라에 접속하는 그런 세상이다. 즉 재미로 가득한 마법의 거울나라가 지루하고 무미건조한 바깥의 진짜 세상을 대체하고 마치 앨리스가 거울나라의 매혹에 빠져 다시 현실세계로 나오고 싶어 하지 않는 것과 다름없이 인간들로 하여금 가상현실세계에 맹목적으로 탐닉하도록 만드는 그런 세상이다. 그 세계는 치명적일 정도로 유혹적이어서 웬만큼 강인한 의지와 의식적인 저항력 없이는 누구나 중독이라고 부르는 위험한 지경에 빠져들게 만들고, 극단적인 경우에는 정상적인 현실세계의 삶을 마비시키기도 하는 그런 세상이다.

그런데 도대체 '재미'라는 것은 무엇인가? 일반적으로 말하자면 재미란 어떤 일이 관심과 열정을 부추기고 흥미롭게 우리를 사로잡은 결과 누리게 되는 일종의 심리적 만족감이나 즐거움이다. 그것은 강제나 필요의 압박에서 벗어나 있고 자발적이고 능동적인 참여를 전제로 하는 놀이가 생성하는 마음의 쾌락이다. 또한 그것은 무엇보다 무상성無償性을 요구한다. 재미란 또 원초적으로는 아무런 보상이나 이익에 대한 기대나 요구 없이 놀거나 즐기는 행위 그 자체가 주는 쾌락에 붙이는 이름이다.

인간이 재미를 추구하는 본성이 있다는 사실을 부정하지 않는다. 요한 하위징아Johan Huizinga가 밝힌 것처럼 인간은 호모루덴스Homo Ludens, 즉 놀이하는 인간인 것도 사실이다. 문화나 예술도 놀이본능에서 출발하여 고도로 의식화되고 정신적인 가치와 의미를 추구하는 방향으로 형식화된 것들이다. 그리고 재미의 가장 큰 특징은 재미 그 자체를 추

구하는 것이지 재미에서 어떤 형이상학적이거나 실존적인 혹은 어떤
미학적인 의미나 가치를 추구하지 않는다는 점이다. 흔히 예술로 인정
받는 소설은 지루하고 따분하고 재미없다고들 한다. 물론 통쾌하고 재
미있으면서도 예술적 가치나 많은 의미를 지닌 작품들도 있다. 그러나
재미라고는 눈을 씻고 봐도 찾을 수 없고 죽을 만큼 지루하고 따분하
지만 탁월한 예술적 의미를 가졌기 때문에 그 작품의 가치를 인정받는
문학작품도 있다. 도스토옙스키Fyodor Mikhailovich Dostoevskii의 『카라마조프
의 형제들』이나 토마스 만Thomas Mann의 『마의 산』, 또는 알랭 로브그리
예Alain Robbe Grillet의 누보로망 소설들은 오늘날의 독자들에겐 얼마나 좀
이 쑤시도록 따분하고 지루할 것인가! 그 난해하고 복잡한 소설을 읽
으면서 얼마나 자주 두뇌를 고문한다는 생각이 들 것인가! 그러나 소
설이 재미없다고 해서 나쁜 소설이라는 등식은 결코 성립하지 않는다.
마찬가지로 아무런 의미나 가치가 없다고 하더라도 재미 자체를 추구
하는 사람에게 그것은 아무런 문제도 되지 않는다. 스타크래프트나 디
아블로3라는 게임 속에서 형이상학적이거나 실존철학적인 의미를 찾
는 사람은 없다. 하지만 그 게임은 너무나 재미있기 때문에 그토록 많
은 열광적인 팬들을 거느리는 것이다. 이처럼 재미의 미학은 그저 얼마
나 재미있는가 하는 것만이 유일한 문제가 될 뿐이다.

　　재미 속에 어떤 철학적인 의미나 가치가 없다고 해서 그것이 우리
삶에 아무런 가치가 없다는 게 아니다. 재미는 넓은 의미에서 여가 활
동에 속한다. 일이나 작업이 주는 강도 높은 긴장과 스트레스를 재미
있는 놀이나 휴식을 통해 해소하지 않으면 몸속에 피로물질과 노르아
드레날린, 코르티솔 같은 스트레스호르몬이 과잉 축적되어 심하면 우
울증이나 몸의 손상으로 이어질 수도 있다는 사실은 오늘날 잘 알려져
있다. 그러나 문제는 항상 지나친 것, 과잉에서 발생한다. 재미란 신경
학적으로 말한다면 쾌락중추를 자극하여 쾌락을 주는 도파민호르몬에
취하는 것 자체만을 순수한 목적으로 하는 행동이다. 우리가 술을 마

시거나 담배를 피우거나 혹은 게임을 하거나 흥분되는 축구 경기를 볼 때, 우리의 뇌 속에서 분출하는 것이 바로 도파민이다. 알코올이나 담배가 쉽사리 도파민중독으로 이어지듯이 재미 추구가 기분 전환이나 휴식, 잠깐 동안의 즐김이 아니라 재미 자체를 위한 추구로 질주하게 되는 재미의 과잉은 그 역시 도파민중독으로 이어져 뇌에 손상을 가져오고 정상적이고 일상적인 삶을 위축시킨다. 노모포비아나 주의력결핍장애, 마음이 충동적이고 조급해지는 것, 조금이라도 지루하거나 따분한 것을 견디지 못하고 곧장 기계 장치가 주는 재미로 달려드는 것, 이 모든 것이 사실상 그런 도파민중독의 징후에 다름 아니다. 그리고 그것은 정보화 혁명이 만들어내는 어두운 그늘이다. 우리 스스로도 모르는 사이에 빠져드는 것이 기술중독이고 그것이 초래하는 것이 재미중독이며, 재미에 중독된 사람들로 가득 찬 것이 재미중독 사회다. 인간을 재미에 중독되도록 만드는 주체는 누구인가? 바로 테크놀로지, 즉 기술이다. 오늘날 그것을 벗어나서는 단 한순간도 살 수 없게 되어버린 현대 첨단 테크놀로지의 환경이 인간을 수동적으로 재미에 중독되게 만든다. 무엇보다 현대의 기술 환경은 인간의 경험과 현실, 그리고 인간 자체를 변형시키고 있다.

4. 테크놀로지의 매트릭스 속에서 길을 잃는 인간

과연 재미중독의 징후가 지금, 그리고 시간이 흐를수록 인간 세상을 더욱더 압도할 것이라는 게 사실인가, 아니면 단순한 기술 공포증이 빚어내는 과잉 우려일 뿐인가? 나는 현재 우리가 직면하고 있는 기술 환경의 변화가 단순한 양적 변화에 그치는 일이 아닌, 보다 근본적인 차원의 변화, 즉 사회와 인간 자체를 다른 종류로 바꾸어버리는 그런 변화라고 본다.

마셜 매클루언Marshall McLuhan은 일찍이 미디어적인 세계 경험이 인간의 존재를 변형시킨다는 사실을 지적했지만, 탈근대 시대의 기술적 변화는 미디어에 국한된 문제가 아니라 총체적인 것이다. 다시 말해 재미중독 사회로의 변형이라는 징후의 근저에는 탈근대 시대의 기술적 변화가 초래하는 삶의 환경 자체의 총체적 변형이 원인으로 작동하고 있다. 우리는 그러한 원인들의 기제에 대해 좀더 살펴보아야 한다.

지금 시대가 과거와 다른 가장 큰 변화는 가상현실과 실제현실이 뒤섞여버리는 현상의 도래다. 20세기의 삶이 여전히 우리가 실제현실이라고 부르는 리얼리즘적인 현실 속에서 이루어졌다면 21세기는 인간의 삶을 매트릭스적 단계로 이행시키고 있다. 19세기와 20세기 중반까지는 현실과 가상의 구분과 경계가 분명한, 그런 의미에서 사람들이 현실이 무엇인가에 대해 심각한 문제제기를 할 필요가 없었던 리얼리즘적인 세계였다. 예술 분야에서 초현실주의가 등장했지만, 그것 역시 확실한 현실 개념을 전제로 하고 있었다. 그러나 탈근대 시대는 현실 자체를 모호하게 만들어버렸다. 현실과 가상의 경계가 모호해지고 어느 것이 '진짜 현실'인가에 대해 심각한 회의가 발생한다. 실제현실보다 가상현실이 더 현실적일 수도 있다는 점, 그것이 진정으로 문제가 되는 시대이다.

매트릭스적인 세계란 가상과 현실의 경계 자체가 흐릿해지고 실제현실보다 기계와 접속해 들어가는 가상현실이 더 큰 비중을 차지하고, 나아가 궁극적으로는 뇌를 인터페이스로 하여 실제현실 속의 몸과 가상현실 속의 영혼이 완전히 분리되는 세계를 말한다. 영화 〈매트릭스〉는 미래에 도래할 가능성이 있는 가상현실 기술의 극단적 단계인 매트릭스 단계를 디스토피아적인 방식으로 묘사해 보여준다. 만일 매트릭스 세계에서 섹스가 이루어진다면 신체가 느끼는 모든 감각은 실제 가상현실 바깥의 육체에도 그대로 똑같이 전달된다. 가상과 현실은 뇌의 감각을 통해 완전히 하나로 통합된다. 현대의 디지털 테크놀로지가 궁극적으로 지향하는 지점도 바로 그런 것이다. 인간의 감각을 가상현실 속에서 실제와 같게 재현시키는 매트릭스적 세계는 실제 물질적인 현실뿐 아니라 실제 몸을 가진 타자들과의 소통과 접촉을 사실상 불필요하게 만들거나 폐기한다. 매트릭스 세계에서 개인은 이제 완전한 자기 충족적인 개체가 된다. 예를 들어 매트릭스 세계에서 게임이나 포르노를 즐기는 개인들은 20세기에 2차원 평면 화면으로 게임과 포르노를 즐기는 개인들과는 전혀 다르다. 첨단 미디어가 제공하는 완전한 개인화, 편재성, 그리고 만족의 즉각성은 더 이상 현실이나 타자를 불필요하게 만들어준다. 다시 말해 사회적인 것들의 제거로 정신분석학에서 말하는 초자아, 현실원리 같은 개념 자체를 불필요하게 만들어버린다. 유일한 현실은 쾌락 원리의 현실이 된다.

매트릭스적 가상현실에 매혹되어 그것을 부단히 즐기고 탐닉하는 인간형을 데카르트적 향유 주체라고 부르고자 한다. 2차원 가상현실에서 증강현실 거기에서 더 나아가 뇌를 인터페이스로 하여 실제현실에서 체험하는 모든 감각을 가상현실에서 재현하고 느끼게 되는 주체, 그것이 바로 데카르트적 향유 주체다. 데카르트적 주체는 한마디로 프로이트가 말한 쾌락원리에 매몰된 주체를 가리킨다. 디지털 미디어 혁명이 제공하는 가상현실의 완벽한 개인화, 즉 사회적 규칙과 규율의 제거가 제공해주는 해방된 욕망의 시대에 출현하는 주체다. 데카르트적 주체는 몸과 영혼이 분열된 주체다. 데카르트가 육체와 영혼을 각기 다른 실체로 규정했던 것처럼, 육체와 영혼이 각기 분리된 채로 떠도는 주체다. 즉 몸은 실제현실에 거주하지만 뇌와 직접 연결된 기계 장치를 통해 영혼은 매트릭스적 세계 안에 접속한 채, 마치 실제현실에 존재하는 것처럼 감각을 느끼게 되는 주체인 것이다. 그러나 데카르트적 주체는 사실상 주체일 수 없는 주체인데 왜냐하면 그 주체는 타자를 상실해버린 공허한 주체이기 때문이다. 실제현실보다 가상현실 속에서만 거주하는 영혼은 그러므로 가상적인 주체다. "나는 접속한다. 고로 나는 존재한다"라고 말할 수 있는 그런 주체다. 데카르트적 주체는 이제 몸은 한 평 방안에 머물러 있으면서도 영혼은 가상현실과 접속하여 경계도 시간도 없는 다른 세계, 마치 영원의 세계와도 같은 가상현실세계를 부유한다.

실제로 포르노에 대한 국가의 규제가 지구화된 네트워크 속에서 무의미해져버린 것처럼 오늘날 가상현실세계 자체는 금기도 위반도 없는 순수한 쾌락원리의 세계이며 향유 주체에게만 속하는 하나의 자족적인 세계, 모든 기호체계들이 시니피에 없는 시니피앙들의 부유하는 유희에 불과한 세계. 현대의 데카르트적 주체는 사회적 주체와 가상적 주체로 분열된다. 가상적 주체는 순수한 향유의 주체이며 가상현실의 유일한 법칙인 쾌락과 재미, 즉 향유의 법칙만을 따르는 주체다. 일찍이 프랑스의 사드 후작이 꿈꾸었던 절대적인 자유의 법칙이 작동할 수 있는 환상적인 쾌락의 세계. 데카르트적 향유 주체는 나른한 환상세계 속에서 타자가 아닌 바로 자기 자신과 유희한다. 거기에서는 사회적인 것들, 의미, 실재라고 부르는 것들 일체가 사라진다. 한병철은 『피로사회』라는 책에서 사회가 부정성과 금지에 기반한 규율사회에서 긍정성과 자유, 쾌락, 향유와 선호가 중시 되는 성과사회로 이행했다고 주장하면서 타자로부터 벗어난 자유는 나르시시즘적인 자기 관계로 전도된다고 주장한다.

새로운 미디어와 커뮤니케이션 기술도 타자를 향한 존재의 두께를 더욱 줄여놓는다. 가상공간에서는 타자성과 타자의 저항성이 부족해진다. 가상공간에서 자아는 사실상 "현실원리" 없이, 다시 말해 타자의 원리와 저항의 원리에 구애받지 않고 움직일 수 있다. 가상현실 속의 상상적 공간에서 나르시스적 주체가 마주하는 것은 무엇보다 자기 자신이다. 실재가 무엇보다도 그 저항성을 통해 존재감을 가진다면 가상화와 디지털화의 과정은 날이 갈수록 점점 더

그러한 실재를 지워나간다.[1]

그러나 근본적으로 나르시시즘적인 주체인 데카르트적 주체들이 그저 첨단 기술에 매혹당한 즐겁고 행복한 주체인 것은 아니다. 이들은 오히려 외롭고 피로에 절어 있고 우울한 주체들이다. 테크놀로지의 변화 속도가 빨라질수록 시간 역시 더 빠르게 지나가고 사회 시스템의 순환 속도를 높인다. 마치 다람쥐 쳇바퀴가 회전하는 속도가 점점 더 높아지면서 발을 굴리는 다람쥐의 신체 움직임도 더 정신없이 빨라져야 하듯이 거대한 하나의 기계시스템으로 변한 사회시스템은 쳇바퀴처럼 정신없이 돌아간다. 이러한 초고속 기술변화에 적응하지 못하는 국가나 자본, 개인들은 무자비하게 도태된다. 기술시스템의 자동화, 자율화가 더 빨리 진행될수록 도태되는 개인들도 늘어날 뿐 아니라 개개인의 무력화 역시 빠르게 진행된다. 개인의 무력화는 피로를 낳고 피로가 극단화될 때, 개인들은 사회로부터 퇴각하여 나르시시즘적인 세계로 빠져든다. 그의 내면은 마치 수시로 채널이 바뀌며 돌아가는 텔레비전 화면과도 같다. 가상현실세계에 범람하는 정보, 볼거리 들 사이를 부유하며 자극적인 탐닉을 즐기는 산만하고 수동적인 자아일 뿐이다.

더구나 1990년 말에 등장한 이른바 네티즌은 이미 멀티태스킹 네티즌Multi-Tasking Netizen으로 진화했다. 멀티태스킹이란 예를 들어 아이패드 같은 태블릿PC나 스마트폰으로 여러 작업을 동시에 할 수 있는 기능을 말한다. 문제는 수없이 많은 세계(창 혹은 사이트)가 정보의 형태로 병렬적으로 존재함으로써 그 세계들 사이의 차이를 양적 차이로 전환시킨다는 점이다. 또한 지나치게 범람하는 정보, 과잉 정보는 오히려 정보가 제공하는 질적인 측면에 대한 무관심성을 강화하는 경향이 있

---

1 한병철, 『피로사회』, 문학과지성, 2012, 95쪽.

다. 그 때문에 멀티태스킹을 하는 자아는 주의가 분산되고 산만해지며 성찰을 하거나 의미를 숙고할 가능성을 축소시킨다. 주체의 내면은 여러 갈래로 분열된 채로 다양한 감각적이고 신경적인 흥분-자극과 그것의 즉각적인 충족만을 좇게 된다. 이러한 기술적 환경의 근본적 변화들은 결국 인간의 삶의 두께를 점점 더 얄팍하고 경박하게 만든다. 무엇보다 그런 주의 분산이 심각하게는 인간의 뇌에 장애를 유발할 수도 있다는 위험한 경고도 나오고 있다.

최근 들어 스마트폰이나 태블릿PC 등 디지털 기기 사용량과 주의력결핍 과다행동장애ADHD 발병률 간에 높은 상관관계가 있다는 연구 결과들이 발표되었다. 2012년 5월 16일 국민건강보험공단 건강보험정책연구원이 분석한 최근 6년간 ADHD 환자 통계에 따르면 2005년 3만 3,824명이었던 환자 수가 2011년엔 6만 5,923명으로 5년 사이에 2배가량 급증했다. 지난해 환자의 연령별 분포를 살펴보면 10~14세가 3만여 명으로 절반가량을 차지했으며 5~9세 환자도 2만 1,000여 명에 달해 유치원, 초등학생의 발병률이 가장 높았다. 의학계에서는 특히 인터넷과 스마트폰이나 태블릿PC 등 각종 디지털 기기가 가정에 많이 보급되면서 자녀들이 어릴 적부터 이런 기기에 과다하게 노출될 경우 정신건강에 좋지 않은 영향을 미쳐 ADHD 발생 가능성을 높일 수 있다고 지적한다.

해외에서는 텔레비전 시청시간이 1시간씩 늘어날 때마다 ADHD 발생 위험이 10퍼센트씩 증가한다는 연구결과도 있는 만큼 최근 급속히 보급된 스마트폰이나 태블릿PC도 질환 발생과 높은 상관관계를 보일 가능성이 있다는 추론이 가능하다. 2011년 11월 유력 과학전문지인 〈네이처Nature〉가 발행하는 정신의학 전문저널 〈트랜스레이셔널 사이키애트리Translational Psychiatry〉에 게임중독에 빠진 청소년의 뇌가 마약중독에 빠진 것처럼 변했다는 연구결과가 실리면서 상황이 달라졌다. 비디오게임이 뇌를 바꾼다는 사실이 과학적으로 처음 규명된 것이다. 벨기에 겐트대학의 사이먼 쿤Simon Kuhn 박사가 이끈 국제공동연구진은 벨기에·영국·독일·프랑스·아일랜드에서 14세 청소년 154명의 뇌를 촬영했다. 뇌 촬영 결과 조사대상의 평균치(일주일에 9시간)보다 게임을 더 많이 한 청소년의 뇌는 왼쪽 줄무늬체가 훨씬 커져 있었다. 이 부분은 쾌락을 요구하는 뇌의 보상중추로 마약중독에 빠지면 커진다. 국내에서도 2009년 비슷한 연구결과가 나왔다. 게임중독자는 코카인중독자처럼 뇌의 안와전두피질(안구 주변의 전두엽 피질) 기능에 이상이 있음이 밝혀졌다. 안와전두피질은 합리적 의사결정·충동성 조절과 밀접한 관계가 있는 영역이다. 게임이나 마약중독자는 바로 이 부분에 이상이 생겨 지금 당장의 쾌락만을 추구하며 미래를 조망해 현재의 충동을 제어할 능력을 상실하게 된다.

5. 깊은 권태의 재발견

디지털 미디어가 제공하는 가상현실 혹은 매트릭스 세계의 매력과 유혹은 너무 강력하다. 아이폰이나 아이패드가 출시될 때마다 매장 앞에서 밤을 새우면서까지 길게 줄을 서는 구매자들, 애플의 창립자인 스티브 잡스에 대한 열광은 현대인들이 새로운 첨단 기술에 얼마나 깊이 매혹되어 있는가를 여실히 보여준다. 그뿐인가? 2012년 5월 14일 세계적인 인기 게임 대작인 〈디아블로3〉이 한국에서 공식적으로 출시되기 하루 전이던 그날, 비가 내리는 와중에도 그 게임을 구매하려는 게임 마니아 3천 명 이상이 행사장 앞에서 줄을 서서 기다리는 진풍경을 연출하기도 했다.

　　미디어들이 인간의 신체와 점점 더 가까이 그리고 직접적으로 결합할수록 인간은 그것들의 영향으로부터 벗어나기가 점점 더 어려워진다. 이런 사태 속에서 나는 흔히 부정적인 심리 상태라고 지적하는 권태의 문제를 다시 생각한다. 지금과 같은 시대야 말로 우리가 권태라고 부르는 것에 이전과는 다른 가치와 의미를 부여해야 하지 않을까? 재미가 권태와 지루함의 반대극에 있는 것이라면 지금은 재미의 반대극인 그것, 권태에 대해 새롭게 성찰할 필요가 있지 않을까? 그런데 우리가 권태 혹은 지루함이라고 부르는 것은 도대체 무엇일까? 일차적으로 권태의 경험은 아주 독특한 실존적인 시간 경험이라고 볼 수 있다. 시간의 흐름이 정체되는 것을 고도로 예민하게 의식하고 경험하는 가운데 느껴지는 지독한 따분함이나 지루함의 경험이 바로 권태다. 똑같은 시계 시간으로 측정되는 단 10분조차도 재미에 몰입할 때와 권태로울 때의 주관적이고 심리적인 시간의 존재 양태는 전혀 다르다. 물론 단순한 어떤 상황 속에서 느끼는 권태와 형이상학적인 차원에서 느껴지는 권태, 즉 세계 안에서 존재한다는 사태 자체가 본질적으로 공허하고 덧없고 무의미하며 그런 의미에서 존재한다는 사실 자체가 지루하고 권태롭게 느껴지는 형이상학적 권태는 질적으로 다르다고 할 수 있다. 그러나 비록 형이상학적 권태라고 할지라도 세계 경험 자체가 시간이라는 존재와 관계되는 심리학적인 양태로 나타나는 한, 권태의 경험에서 시간은 본질적인 축이라고 할 수 있다. 권태는 결국 인간이 느끼는 주관적인 심리적인 시간 경험 속에서 발생하는 심리적 양태인 것이다.

　　권태로운 순간만큼 시간이 예리하게 느껴지는 순간도 드물다. 평상시에 시간은 마치 눈에 보이지 않지만 우리가 늘 호흡하는 공기처럼 거의 의식되지 않는다. 하지만 비행기를 타고 12시간을 여행할 때처럼 권태롭고 지루한 순간에 우리는 자주 시계를 들여다보면서 시간이 왜 이리 더디게 가는지 한탄하곤 한다. 우리는 마치 시간 속에 갇힌 듯하고 시간의 무게에 짓눌려 숨이 막힐 지경이 된다. 존재한다는 사실 자체가 권태롭게 느껴질 때도 마찬가지다. 형이상학적 권태 속에서는 삶의 모든 순간들, 시간 속에서만 존재할 수밖에 없는 실존적 삶 자체가 공허하고 덧없이 따라서 권태롭게 느껴진다.

그러나 재미의 왕국에서는 무엇보다 인간의 시간 경험 자체가 사라진다. 한창 재미있는 게임이나 영화에 몰입해 있을 때, 우리는 결코 시간을 의식하지 못한다. 기차를 타고 가면서 지루한 시간을 없애기 위해 스마트폰으로 게임을 하거나 문자 채팅을 함으로써 지루하고 따분한 시간을 없애려고 하는 것처럼, 오늘날 우리 곁에 아니 우리의 몸과 직접 연결되어가는 모든 멀티미디어 기기들은 궁극적으로 인간을 재미와 쾌락의 시간 속에 가두어버림으로써 시간 자체를 망각하게 하는 효과를 갖는다. 다시 말해 시간을 죽이는 기계들, 바로 그것이 현대 기술의 진정한 맹목성이다. 우리가 첨단 미디어 기계들에 접속해 있는 시간이 길어질수록 우리의 시간은 그만큼 더 많이, 더 빨리 사라진다.

사실상 24시간 접속 상태에서는 권태나 지루함을 느낄 여지가 없다. 고독조차도 불가능하다. 고독이란 무엇인가? 고독이란 타인의 부재 때문에 느끼는 외로움과는 다르다. 고독이란 자발적으로 홀로 있으면서 자신의 내면적인 자아와 만나고 그 자아와 대화를 나누며 소통하는 행위다. 고독은 스스로 자신의 내부로 향하고자 하는 인간의 가장 능동적인 활동이다. 그런 의미에서 고독은 당당하고 자부심에 넘치는 자아의 능동적인 활동이다. 고독이 자발적으로 찾아들어가는 내면으로의 여행이라면 권태나 지루함은 수동적으로 강제되는 내면으로의 여행이라고 할 수도 있다. 지루하거나 따분할 때만큼 시간이 길게 늘어나 그 시간의 무게가 주는 압박에 고통스러운 순간도 없다. 그럴 때 시간은 일종의 고문기구가 된다. 우리는 시간에 고문당하는 느낌을 받는다. 그 때문에 우리는 권태에서 벗어나려고 발버둥을 치는지도 모른다. "지루한 건 못 참아!"라면서.

하지만 권태는 고독 이상으로 깊은 자기와 만나는 시간이기도 하다. 무한정하게 늘어난 것처럼 보이는 시간 속에서 우리는 어쩔 수 없이 비록 수동적인 형태로나마 자아를 깊게 고통스러울 정도로 예민하게 의식하게 된다. 그런 의미에서 권태는 고독보다 더 깊이 자아와 내면을 만나는 순간이라고 할 수 있다. 권태 속에서 우리는 내면으로 내면의 심연 가장 깊은 곳으로 떠밀린다. 자기 자신과 시간만이 현재라는 시간 속에서 만나며 그러한 만남 속에서 인간은 부득이하게 내적인 성찰을 하도록 강제받는다. 재미의 왕국이 분망함 속에서 시간과 자아를 사라지게 만든다면, 권태는 오히려 지루함 속에서 시간과 자아를 예민하게 의식하게 만들고 자아를 반성적으로 성찰하게 하고 나아가서는 무한정하게 늘어난 시간 속에서 무언가를 창조하게 만들기도 한다.

어떤 면에서 고독은 지루함이나 권태와 만나는 지점이기도 하다. 왜냐하면 고독이나 권태는 둘 다 시간을 내면화하고 늘어나는 시간 속에서 인간으로 하여금 자기 자신과 접속하게 만들기 때문이다.

그러나 현대인은 점점 더 외부지향적인 존재로 변하고 있다. 외부 세계의 자극이 주는 쾌락과 재미에만 몰두한다. 그리고 그것을 가능케 하는 것이 바로 인터넷과 스마트폰, 태블릿PC, 구글 아이 같은 첨단 미디어 기계 장치들이다. 인간의 영혼은 그러한 외부지향성 속에서 인간을 진정으로 인간답게 만들어주는 영혼의 세계, 내면의 세계를 상실한다. 그러므로 지금 시대에는 재미가 과잉이고 결핍된 것은 다름 아닌 권태, 내면적 권태다. 디지털 테크놀로지의 과잉 발달은 재미중독이라는 증상 속에서 인간을 사라지게 만든다.

일본의 비평가 아즈마 히로키東浩紀가 일본의 오타쿠문화를 분석하면서 포스트모던 시대의 특징으로 인간들이 욕망의 주체가 아니라 동물적인 욕구의 주체로 퇴락하고 있다고 분석한 것도 그런 맥락이라고 볼 수 있다. 왜냐하면 욕망이란 타자를 전제로 하는 간주체적인 것이고 타자의 욕망을 욕망하는 것이기에 항상 완전히 충족될 수 없는 빈틈을 낳는 데 비해, 욕구는 마치 식욕처럼 충족되는 순간 사라져버리는 단순한 결핍과 충족의 사이클만을 갖는 즉물적인 것이기 때문이다.[2]

그가 말하고자 한 것 역시 인간이 동물적이고 본능적인 쾌락원리에만 충실한 데카르트적 향유 주체로 변하고 있다는 사실이다. 최근

일본 사회에서 문제가 되고 있는 이른바 '히키코모리', 즉 은둔형외톨이 증후군도 넓은 의미로 보면 고립된 외로운 데카르트적 주체의 한 극단적 양상이다. 집 안에 틀어박혀 하루 종일 인터넷에 접속해 게임을 하든가 혹은 오타쿠라고 부르는, 한 분야에 광적으로 몰두하는 마니아적인 삶을 살아가는 것이다. 사실 히키코모리 증후군은 가차 없이 진군하는 첨단 기술 사회에서 구석으로 내몰리는 힘없는 개인들의 초상이다. 막스 피카르트Max Picard는 일찍이 『침묵의 세계(Die) Welt des Schweigens』라는 책 속에서 사물들에 포획된 나머지 자기 자신을 상실한 인간상에 대해 이렇게 말한 바 있다.

오늘날 인간은 더 이상 능동적으로 사상과 사물에게로 나아가지 않는다. 오히려 사상과 사물이 인간을 흡수해버렸다. 그것들은 인간에게로 달려들어 인간 주위에서 소용돌이친다. 인간은 이미 생각하는 인간이 아니라 다만 생각되는 대상일 뿐이다. "나는 생각한다. 고로 존재한다."는 더 이상 유효하지 않다. "나는 생각된다. 고로 나는 존재하지 않는다." 사정은 이렇게 되어버린 것이다.[3]

---

2 아즈마 히로키, 『동물화하는 포스트모던』, 이은미 옮김, 문학동네, 2007.
아즈마 히로키는 "포스트 모던의 인간은 '의미'에 대한 갈망을 사교성을 통해 충족할 수 없으며 오히려 그것을 동물적인 욕구로 환원함으로써 고독하게 채우고 있다. 거기에서는 작은 이야기와 커다란 비이야기 사이에 어떠한 연계도 없고, 세계 전체는 단지 즉물적으로 누구의 삶에도 의미를 주지 않는 채 표류하고 있다. 의미의 동물성으로의 환원, 인간성의 무의미화 그리고 시뮬라크르 수준에서의 동물성과 데이터베이스 수준에서의 인간성의 해리적인 공존"이라고 주장했다.
3 막스 피카르트, 『침묵의 세계』, 최승자 옮김, 까치, 1985, 210쪽.

6. 탈접속하기 그리고 자기 자신 만나기

막스 피카르트에 따르면 현대인들이 잃어버린 것은 바로 고독과 침묵 속에서 자신의 내면을 발견하는 능력이다. 최근에는 디지털 단식이 필요하다는 책도 시중에 나오고 있다. 혹은 디지털 기계 장치로부터 일시적으로나마 은둔하거나 잠시라도 사용을 중단하는 디지털 은둔이 필요할지도 모르겠다. 우리가 다시 사유와 성찰을 통해 자신과 인간적 삶을 발견하는 주체가 되기 위해서는 가능한 한 탈접속을 통한 고독과 깊은 권태를 재발견해야 한다. 그렇지 않으면 인간은 그저 끊임없이 새롭고 더 자극적인 재미와 자극을 찾는 가운데 파블로프의 개처럼 자극-반응 기계로 전락할 수도 있다.

철학자 하이데거는 인간만이 사유하는 존재라고 규정했다. 사유한다는 것은 한마디로 존재와 삶, 자기 자신 등에 관해 그것의 의미를 질문한다는 뜻이다. 질문을 던지고 그 질문의 답을 스스로 탐구하는 것이 바로 사유다. 그런 맥락에서 하이데거는 권태의 긍정적인 가치를 재발견해야 한다고 촉구한 바 있다. 왜냐하면 속수무책으로 자기 자신을 강요하는 시간의 끔찍한 권태로움 속에서 인간은 비로소 본래적 자아, 즉 사유를 통해서 인간적 자유를 되찾는 순간을 발견하게 되기 때문이다.

끊임없이 '접속'을 유혹하는 테크놀로지의 마법 앞에서 과연 우리는 탈접속을 '감행'할 수 있을까? 단 하루도 스마트폰 없이 집 밖을 나가지 못하는 현대인이 과연 단 하루라도 인터넷을 끊고 스마트폰을 끄고, 그 대신 책을 읽거나 느린 걸음으로 산책을 하면서 자기 자신만의 고독하지만 자유로운 시간을 가질 수 있을까? 어쩌면 그 정도 일을 감행하는 데도 거대한 의지와 용기가 필요할지도 모르겠다. 그러나 우리가 명료하게 인식한다면 그 인식에 따라 행동할 가능성도 생긴다. 재미가 단지 재미로만 끝나지 않는다는 것, 권태가 결코 부정적인 것만은 아니라는 점을 깨달아야 한다. 우리 자신이 원하는 것은 참된 경험이고 삶이며 성숙한 내면을 가진 인간적 삶이라는 것을 명료하게 인식한다면, 남은 것은 우리의 눈과 손을 기계가 아닌 다른 어떤 것으로 돌리는 것뿐이다.

사대부의 권태, 그 문명 비판적 의미

— 이규보의 「용풍」, 성간의 「용부전」, 성현의 「조용」을 대상으로

황혜진

1. 사대부도 권태를 느꼈다

우리가 고전을 읽거나 연구하는 까닭은 현재 삶의 지평을 넓히기 위해서다. 한 개인의 삶은 특정 시대와 사회에 속할 수밖에 없는 숙명을 갖지만 개인이 겪는 삶의 문제는 그렇지 않다. 일하고 사랑하고 병들고 죽는 등 보편적인 삶의 문제는 모든 시대와 사회에 상수常數처럼 존재했으며, 그에 대한 고민과 해법의 탐구도 이어져왔다. 어떤 일에 시들해져 마음과 몸이 게을러지는 '권태'도 보편적인 삶의 문제라 할 때, 다른 시대와 사회에서 성찰하고 문학적으로 형상화한 권태를 만나는 일은 '나'를 확장하는 교양 교육적 의미가 있음은 물론 실질적인 삶의 조언을 구할 수 있는 기회가 된다.

이 글에서 다루려는 것은 여말선초 사대부들의 권태다. 한자의 용례에 비추어보았을 때, '권태倦怠'는 게으름을 의미하는 '용慵'과 통용된다. 그리고 사대부들은 '권태'를 제목으로 삼기보다는 '용'으로써 마음과 몸의 권태로움을 성찰하는 글을 남겼으며, 성현(1439~1504)과 이

---

1 이 글에서 '권태'는 『표준국어대사전』의 정의를 따라 '어떤 일이나 상태에 시들해져서 생기는 게으름이나 싫증'이라는 일상적인 의미로 규정한다. 문맥에 따라 게으름이나 싫증이란 표현을 권태와 같은 의미로 사용하겠다.

종준(?~1499)처럼 용재慵齋·용헌慵軒 등의 호號를 즐겨 쓰기도 했다. 그래서 이 글에서는 전통사회에서 권태로움을 의미하던 '용'을 전면에 부각시킨 세 글을 자료로 삼아 이들이 권태를 어떻게 표현하고, 어떻게 이해하는지, 그리고 이들이 감지한 권태의 문화적 의미는 무엇인지 탐구하고자 한다.

대상 자료는 다음과 같다. 첫째, 이규보(李奎報, 1168~1241)의 「용풍慵諷」[2]이다. 이 글은 게으른 주인에게 주색酒色을 권하던 손님이 오히려 게으름을 피움으로써 주인을 깨우치는 내용을 담고 있다. 둘째, 성간(成侃, 1427~1456)의 「용부전慵夫傳」[3]이다. 자신을 용부라 칭한 게으름뱅이가 자신을 계도啓導하려는 부지런한 근수자勤修者에게 권태의 가치를 설파하는 내용을 가진 글이다. 셋째, 성간의 동생인 성현(成俔, 1439~1504)이 쓴 「조용嘲慵」[4]이다. 이 작품에서는 자신을 게으르게 만든 귀신을 불러내 그 잘못을 논하다가 오히려 귀신의 말에 설복당해 권태의 가치를 깨닫고 귀신을 떠나지 못하게 한다는 내용을 주로 한다.

이 글에서는 권태나 게으름을 개인적인 차원에서 보는 것이 아니라 문명과 관련해서 그 의미를 이해하려 한다. 모든 '문명'[5]은 자기 유지와 발전을 위해 사람들을 들볶으며, 이 때문에 문명이 발달한 사회에

---

2 이 글은 『동문선東文選』과 『동국이상국집東國李相國集』에 전하며 이 연구에서는 '한국고전종합DB(http://db.itkc.or.kr/itkcdb)'의 『동문선』의 원문과 번역을 자료로 활용했다.

3 이 글은 『동문선東文選』과 『진일유고眞逸遺稿』에 전하며 이 연구에서는 '한국고전종합DB'의 『동문선』의 원문과 번역을 자료로 활용했다.

4 이 글은 『동문선東文選』과 『허백당집虛白堂集』에 전하며 이 연구에서는 '한국고전종합DB'의 『동문선』의 원문과 번역을 자료로 활용했다.

5 프로이트는 문명에 대해 동물적 상태에 있었던 우리 조상의 삶과 우리의 삶을 구별해주고 인간을 자연에서 보호해주고 인간의 상호 관계를 조정해주는 두 가지 목적에 이바지하는 규제와 성취의 총량이라고 정의했으며(S. 프로이트, 『문명 속의 불만』, 김석희 옮김, 열린책들, 2003, 264쪽) 이 글도 이런 정의를 따른다.

사는 사람들일수록 더 피곤하다. 문명이 발달하는 정도에 비례하여 증폭되는 불만은 권태로 표출되기도 한다. 끊임없이 자기를 재생산하고 발전하는 문명에 대해 극심한 피로감과 권태를 느끼는 이들은 아무것도 하지 않는 것처럼 보여도 '나는 싫다', '아무것도 안 할래'라는 권태로써 응답의 신호를 보내고 있는 것이다. 이러한 전제하에 권태가 문명 비판적 의미를 가질 수 있음을 탐색하도록 하겠다.

2. 권태로운 삶의 문학적 형상

세 글은 상호텍스트적인 관계를 맺고 있다. 이규보의 「용풍」에서 거사인 주인과 객이 게으름을 주제로 나누는 대화의 형식은 성간의 글에서 용부와 근수자의 대화로 이어지며, 「용풍」의 객이 제안했던 유흥은 「용부전」에서 용부와 근수자의 술자리에서 실현된다. 또한 성간의 「용부전」에서 은미隱微하게 나타난 게으름의 가치는 성현의 글에서 게으름 귀신이 성자를 설득하는 말로 구체화된다. 덧붙여, 시마詩魔를 물리치려 귀신에게 제사를 지내자 귀신이 나타나 글쓴이를 설득하는 형식이나 시마 때문에 만사에 나태해진 서술자의 모습을 묘사하는 부분을 볼 때, 성현은 이규보의 「구시마문驅詩魔文」도 참조한 것으로 판단된다.

이처럼 세 글은 형식적, 표현적인 공통점을 지니며 서로 간의 긴밀한 관계가 확인된다. 이러한 관계가 형성될 수 있는 요인은 무엇보다 공감이라고 할 수 있다. 글을 읽고 공감하며 자신의 느낌과 생각으로 확장, 변용하는 대화가 세 글 '사이'에서 이루어지고 있는 것이다. 그래서 이 세 글에 형상화된 게으름은 어느 정도 유사한 측면이 있다. 이 장에서는 세 글에서 게으름이 어떻게 표현되고 있는지 분석하면서 게으름에 빠져 있다고 생각한 사대부들이 어떻게 사는지 살펴보도록 하겠다. 권태증으로 인한 병폐가 서술된 내용을 중심으로 세 글을 인용하면 다음과 같다.

㉠ 내가 게으른 병이 있어서 이것을 객客에게 알리기를, "이렇게 바쁜 세상에 나는 게으름뱅이로 작은 몸 하나도 제대로 지탱해 나가지 못하며, 집이라고 하나 있는데도 게을러서 풀도 매지 아니하고, 책이 천 권이나 있는데 좀이 생겨도 게을러서 펴보지 아니하며, 머리가 헝클어져도 게을러서 빗지 아니하며, 몸에 병이 있어도 게을러서 치료하지 아니하며, 남과 더불어 사귀는데도 게을러서 담소하며 노는 일이 적으며, 사람들과 서로 왕래하는데도 게을러서 그 왕래가 적으며, 또 입은 말을 게을리하고, 발은 걸음을 게을리하며, 눈은 보는 것을 게을리하여, 땅을 밟든지 일을 당하든지 간에 무엇에든지 게으르지 않는 것이 없는데, 이런 병을 무슨 재주로 낫게 하겠는가." (「용풍」)

㉡ 모든 하는 짓이 전부가 게으른 것뿐이므로 세상에서 용부慵夫라고 부른다. 벼슬은 산관散官으로 직장直長에 이르렀다. 집에 책이 5천 권이 있으나 게을러서 펴보지 아니하며 머리가 헐고 몸에 부스럼이 났으나 게을러서 치료하지 아니하였다. 방에서는 앉아 있는 것이 귀찮고 길에서는 걷기가 귀찮아 멍청하게 나무로 깎아 놓은 허수아비와 같았다. 온 집안이 이를 염려하여 무당에게 데리고 가서 빌기까지 하였으나 마침내 금할 수가 없었다. (「용부전」)

㉢ 게으름을 못 견디어 그저 잠자기만 생각했네. (중략) 책을 두고 읽지 않으니 그 뜻이 항상 들뜨고, 거문고를 두고 타지 않으니 취미가 아주 적막하며, 손[客]이 와도 접대를 못하니 손이 가면서 짜증을 내고, 말이 있어도 기르지 못하니 엉덩이뼈가 솟아나오며, 병이 있어도 치료하지 않으니 영양이 날로 허

해지고, 아들이 있어도 가르치지 못하니 한갓 세월만 허송하네. 활이 있어도 다루지 않고 술이 있어도 거르지 않으며, 손이 있어도 세수하지 않고 머리가 있어도 빗질하지 않으며, 뜰이 너절해도 쓸지를 않고 풀이 있어도 뽑아 버리지 않으며, 게을러서 나무도 아니 심고 게을러서 고기도 아니 낚고, 게을러서 바둑도 아니 두고 게을러서 집도 수리 안 하고, 솥발이 부러져도 게을러서 고치질 않으며 의복이 해어져도 게을러서 꿰매지 않으며 종들이 죄를 지어도 게을러서 묻지를 않고 바깥사람이 시비를 걸어와도 게을러서 분히 여기질 않으며, 내 행동은 날로 성기어 가고 내 마음은 날로 졸해지며, 내 얼굴은 날로 여위고 내 말은 날로 줄어간다. (「조용」)

세 사람이 게으름 때문에 갖게 된 병증은 마치 한 사람의 병인 양 유사하다. 게으름 때문에 자기 몸뚱어리 하나 챙기지 못하여 병을 방치하거나 머리도 빗지 않는다. 또 움직임을 귀찮게 여겨 "땅을 밟든지 일을 당하든지 간에 무엇에든지 게으르지 않는 것이 없"(㉠)거나 "방에서는 앉아 있는 것이 귀찮고 길에서는 걷기가 귀찮아"(㉡)진다. ㉢에서는 "활이 있어도 다루지 않고, (……) 시비를 걸어와도 게을러서 분히 여기지 않으며"라며 세세한 생활의 국면에서 만사를 귀찮아하는 게으름이 어떻게 나타나는지 열거되었다. 또한 공통적으로 책을 읽지 않는 증세를 보인다.

그리고 세 글의 서술자 모두 게으름으로 인한 문제의 심각성을 알고 있다. 객에게 자신의 병증을 설명하면서 무슨 재주로 낫게 할 수 있는지 묻는 ㉠이나, 나무로 깎아 놓은 멍청한 허수아비 같다고 자신을 진단하고 자신의 병을 염려한 가족들이 무당을 부르기도 했지만 고치지 못할 정도라고 말하는 ㉡, 스스로 무당을 청해 게으름 귀신을 질책하고 떠나보내려 했으며 "내 행동은 날로 성기어 가고 내 마음은 날로 졸해지며, 내 얼굴은 날로 여위고 내 말은 날로 줄어간다."라며 자신의 병세를 정리한 ⓒ 모두 지독한 게으름이 심각한 문제임을 알고 있다.

그런데 세 글의 서술자들은 공통적으로 증세의 위중함에 비해 권태 자체에 대해서는 부끄러워하거나 죄책감을 느끼는 기색이 없다. 마치 자신의 게으름을 자랑하듯 세세히 열거하면서 이런 나를 무슨 재주로 낫게 하겠냐[若此之病 胡而攻]는 ㉠의 태도는 객에게 '네가 이런 날 어떻게 할래?'라는 과제를 던지는 듯하다. ㉡의 서술자는 자기 얘기를 어떤 '용부'의 사연인 양 말하면서 병을 염려한 가족들이 무당을 부르기도 했지만 고치지 못할 정도라고 남 얘기를 하듯 설명하고 있다. ㉢은 권태증을 일으킨 귀신의 죄를 논하면서 하는 말이니 게으름은 귀신의 탓이지 자신의 잘못이 아닌 것이다.

게으름의 증세를 정리하자면 자신의 몸에 대해 소홀하며, 일에 대해 귀찮아져 사회적 책무나 관계를 등한시하며, 책을 읽는 등 생각하는 일조차 싫증을 낸다는 것이다. 그런데 세 글의 서술자들은 모두 권태가 초래한 일상적 삶의 곤경의 심각성을 잘 알고 있으나 권태가 부끄러운 것이라든지 죄책감을 가져야 한다는 생각은 하지 않는다. 또한 세 글에서는 게으름의 이유가 분명히 드러나지 않는다. 이는 일부러 숨긴 것이 아니라 글쓴이들 자신도 그 구체적인 원인을 짚어내지 못했기 때문이다. 원인을 모를 때 난치병이 되듯이 어느 날 까닭 없이 엄습한 권태증은 더욱 깊어가게 된다.

3. 권태에 대한 사대부들의 생각

비록 세 글이 공감을 바탕으로 권태증의 병세와 그로 인한 삶의 곤경을 공유하기는 하지만 게으름에 대한 생각이 모두 같은 것은 아니다. 우선 「용풍」은 '게으름을 풍자하다'란 제목으로 의역되는데, '게으름이 풍자하다'라는 제목도 가능하다. 객이 주색이 펼쳐지는 유흥의 자리에 가려 서두르는 주인을 게으름으로써 조롱하기 때문이다. 객은 주인의 게으름이 자기에게 옮겨진 것 같다면서 주인이 지금 이대로 가게 되면 그 본성을 훼손시키며 몸을 패망시키기에 이르고 말 것이기에 함께 말하기도 같이 앉아 있기도 게을러진다고 했다.

> 나는 낯빛이 붉어지고 이마에 땀이 났다. 그에게 사과하여, "착하도다, 그대가 내 게으름을 풍자함이여. 내가 종전에 그대에게 게으른 병이 있다고 말을 하였는데, 지금 그대의 말을 들으니, 그림자가 사람을 따르는 것보다 더 빨리 그 게으름이 나도 모르게 흔적도 없이 사라졌으니 나는 이제 비로소 기욕嗜欲이 사람에게 그 마음을 움직임이 빠르고, 그 귀에 들어옴이 순한 줄을 알았다. 이것을 미루어보면, 기욕이 몸에 화를 주는 것이 지독하게 빠르니, 진실로 삼가지 않을 수가 없다. 내가 앞으로 이 마음을 옮겨서 인의仁義의 집에 들어가, 그 게으름을 버리고 인의에 힘쓰려고 하는데, 그대의 생각은 어떠한가. 조금 기다리고 나를 조롱하지 말아주오."라고 말하였다. (「용풍」)

객이 게으름을 부리자 주인은 그 풍자의 신랄함에 낯빛이 붉어지고 땀이 나는 신체적 반응을 보였다. 객이 지적한 것처럼 "성품을 해롭게 하는 도끼로서는 색이 가장 심하고, 창자를 상하게 하는 약으로는 술"이라는 것을 재확인하는 정도의 깨달음 때문은 아니다. 그보다 주인을 각성시킨 것은 '즐기려는 욕심(기욕嗜欲)'이 마음과 몸을 급변하게 하는 경험이다. 마음이 쉬이 변해 몸을 달리 부릴 수 있다는 주인의 경험은 마음을 어디에 두느냐 하는 것이 권태증을 극복하는 관건이 된다는 사실을 체득하게 했다. 또 사람의 마음을 서둘러 변하게 하는 기욕은 그 화도 급히 미칠 것이기에 삼가야 하는 것이다.

이렇게 「용풍」에서는 매사에 권태를 느끼는 주인에게 주색을 권하는 객이 주인의 게으른 태도를 거울처럼 비춰내어 주색의 자리에 서둘러 가려는 주인을 부끄럽게 만들며 깨닫게 한다. 주객의 문답을 펼쳐낸 후 주인의 변화를 통해 독자를 감화시키는 것이 이 글의 전략이라면, 이 글의 '내포작가'는 독자에게 마음이 가지 않아 몸이 게을러지는 권태증은 마음먹기에 따라 고칠 수 있다는 제안을 하는 것이라고 이해할 수 있다. 덧붙여 권태증을 치료하기 위해 기욕에 휘둘려 주색에 빠지는 것은 성품을 어그러뜨리고 몸을 망치는 지름길임도 경고한다.

이러한 맥락에서 주인이 마지막에 "조금 기다리고 나를 조롱하지 말아주오子其姑須 無以嘲吳也"라고 한 것은 '지금의 나'만을 보고 조롱하지 말고 '미래의 나'를 기다려달라는 주문으로 파악할 수 있다. 그런데 주인이 인의에 힘쓸 것을 객에게 약속했다고 해서 주색의 향연에 나아가지 않은 것은 아니다. 인의에 힘쓸 '미래의 나'이지만 '지금의 나'는 '이미 청을 수락했으니 고칠 수 없다子既領吳請 似不可改'고 한 객과 함께 술자리에 가지 않았을까 한다. 특히 거문고·술·시를 심히 좋아하여 삼혹호선생三酷好先生을 자호自號로 삼았던 이규보로서는 술과 미색, 음악이 갖추어진 자리를 마다하기 힘들었으리라.

성간의 「용부전」도 「용풍」처럼 주객의 대화로 짜여 있으며, 손님이 술자리를 제안하여 용부의 권태증을 사라지게 한 내용 구성도 「용풍」과 유사하다. 그러나 「용풍」에서 주인과 손님의 대화가 희학戱謔적이었다면, 「용부전」의 대화는 공격적이고 논쟁적이다. 유가적인 학문의 성취를 이룬 근수자라 불린 손님은 그 학문으로 게으름뱅이를 다스리려 왔다以其學來攻惰夫. 성인聖人과 천지天地를 들먹이며 부지런함의 가치를 역설하는 근수자에게 답하는 용부도 "내가 자넬 가르칠 터인데 자네가 어떻게 나를 가르치려 드는가我則敎子 子何敎於我"라면서 창을 들고 근수자를 쫓아낼 정도였다.

실제 무기가 동원되어 공격적으로 진행되던 대화의 내용도 상당히 논쟁적이다. 성인과 자연의 부지런함을 가르치려 하는 근수자에게 용부가 한 말을 보면, 용부가 자신의 권태에 대해 가진 생각이 분명히 드러난다. 용부는 근수자에게 말했다. "사람이 백 년 동안 사는데, 정신과 몸이 모두 피로하면서 낮에는 허덕거리며 일을 하고, 아침부터 저녁까지 분주하게 돌아다니며 하지 않는 일이 없다가無不爲 밤이 들어 자는 둥 마는 둥 하며 잠꼬대를 하다가 아침이 된다. 다시 무슨 소용이 있는가?" 이러한 용부의 말에는 무불위하면서 정신과 몸을 피로하게 만드는 일상생활에 대한 비판의식이 담겨 있다고 평할 수 있다.

용부의 분명한 자기 논리를 듣고 창으로 위협하며 쫓아내는 모습을 본 근수자는 더 이상 용부의 권태증을 고치려 하지 않고 방법을 바꾸어 술과 기생으로 용부의 마음을 움직이려 한다. 이에 용부는「용풍」의 '나'처럼 서둘러 집을 나서다가 수십 년 동안의 게으름이 모조리 없어지는 것을 느꼈다. 이후 용부와 근수자는 서로 술을 권하면서 크게 즐겼다. 그런데 마지막 문장은 "뒤에 드디어 부지런함으로 마치었다後遂以勤終焉"고 하는데 해석이 분분하다. 혹자는 드디어 용부가 권태증을 극복하고 부지런히 살았다 하고 혹자는 술자리에서 부지런히 즐기는 의미로 해석하는데, 필자는 후자의 견해가 근사近事하다고 생각한다.

마지막 문장에 쓰인 부지런함勤은 근수자의 근勤과 같은 글자이나 문맥상 다른 의미를 갖는다. '넌 부지런히 일하고 학문을 닦아라, 난 부지런히 놀겠다'는 말처럼, 같은 용어를 사용하면서도 그 의미를 비틀면서 자기에 대한 자부심을 드러내는 골계滑稽가 이 말에 담겨 있는 것이다. 따라서 이를 근거로 이 글이 부지런함에 대한 권면을 주제로 하고 있다거나 권태증에 대한 치료 과정을 담고 있다고 보는 것은 다소 무리가 있다 하겠다. 그보다「용풍」처럼 몸과 마음이 게을러지는 권태나, 인의에 부지런히 힘쓰는 근면에도 속하지 않은 제3의 영역에 잠시 머무는 것일 뿐이다.

특히 용부의 항변하는 논리나 쫓아내는 태도를 볼 때, '부지런히'

술 마시고 즐거워하던 용부가 권태증을 극복했다고 보기는 어렵다. 그의 권태는 특정한 일에 대한 싫증이나 건강 문제로 인한 무기력 때문이 아니라 피로감만 줄 뿐인 일상생활에 대한 불만에서 비롯되기에 더욱 그러하다. "사람들은 피곤할 정도로 온갖 일을 하면서 열심히 사는데 도대체 왜 그래야만 할까, 그러면 무슨 소용이 있지?"라고 질문하는 용부는 나름의 답을 얻은 듯하다. 용부는 스스로 지인至人으로 지칭하며 자기는 일상을 영유하기 위해 온 생애 동안 열심히 그러나 피곤한 삶을 사는 사람들과 다르다고 한다至人不如是也.

그렇다면 지인이 갖는 의미가 「용부전」의 권태를 이해하는 데 긴요하다고 할 수 있다. 지인의 의미를 탐색할 만한 자료로 성현의 「부휴자전浮休子傳」을 참조해보자. 이 글에서는 지인에 대한 직접적인 설명이 제시되는데, 성현이 성간과 동시대인이자 동기同氣인 점을 고려하면 성간의 지인과 그 함축적 의미가 유사함을 짐작할 수 있다. 성현이 설명하는 지인은 담박澹泊, 곤궁窮困, 소요逍遙, 우유優遊, 방황彷徨, 희이希夷, 황홀惚恍 등을 특성으로 하는데 이로 말미암아 경영함과 치우침, 불평과 불만, 생각과 노력, 칭찬과 비난, 옳고 그름, 형과 상이 없거나 구애되지 않는다고 한다.

어떤 사람이 몸 닦는 도를 물으니, 거사는 말하기를, "담담하여 아무런 경영도 없고 공평하여 사정도 없고 궁해도 불만이 없고 곤해도 주린 빛이 없으며, 한가하여 생각도 없고 수고로움도 없고 자유로워 칭찬도 없고 허물도 없고, 방황하여 욕심도 없고 정도 없고, 희이希夷하여 옳음도 없고 그름도 없고, 황홀하여 형形도 없고 상象도 없이 하면 거의 도에 달하여 지인至人의 영역에 들어가게 된다." (성현, 「부휴자전浮休子傳」)

「용부전」의 지인을 여기에 비추어 이해한다면 용부의 게으른 모습은 곧 지인의 형상일 수 있다. 그리고 지인의 권태는 끊임없이 경영하며 사사로운 정을 갖고, 곤궁하면 불만을 갖고, 계속 생각하고 일하며, 칭찬과 허물에 민감하고, 욕심과 정에 휩싸이며, 시비를 가리고 겉모습에 구애되는 세속적인 삶의 방식에서 비롯되는 것임을 알 수 있다. 그렇지만 사람들은 지인으로 살고 싶은 이를 두고 게으르다 한다. 글쓴이는 이런 시각을 반영하여 사람들의 편견대로 전의 주인공을 용부라 칭했다. 그러나 실은 이 탁전의 입전 대상은 용부로 보이는 지인이었다.

성현의 「조용」은 자신에게 속한 문제를 객관화하여 성찰하는 전통적 방식을 효칙하고 있다. 「조용」은 양웅(揚雄, 기원전 53~기원후 18)의 「축빈부逐貧賦」로부터 시작하여, 한유(韓愈, 768~824)의 「송궁문送窮文」을 거쳐, 이규보의 「구시마문」 등으로 이어지는 표현론적 전통을 활용하여 '①자신을 괴롭히는 귀신의 죄를 열거한다면서 자신의 병적인 증세를 자세히 기술함, ②귀신이 스스로 변호하며 서술자가 문제라 여겼던 상황이나 증세의 이면적 가치를 주장함, ③귀신에게 설복당해 귀신을 스승으로 모심'의 구조로 짜여 있다. 「조용」에서 게으름에 대한 인식을 파악하기 위해서는 ②의 부분에 집중할 필요가 있다.

귀신이 말하기를 "그렇지 않다. 내가 화를 어찌 입히리오. 운명은 저 하늘에 있으니 허물로 여기지 말라. 굳센 쇠는 부서지고 강한 나무는 부러지며, 깨끗한 것은 더럼 타기 쉽고 우뚝한 것은 꺾이기 쉽다. 굳고 굳은 돌은 고요함으로써 이지러지질 않고, 높고 높은 산은 고요함으로써 꺼지질 않으니, 움직이는 것은 오래 못가고 고요한 것은 수壽한다. 지금 그대 형체는 저 돌과 산같이 오래 갈 걸세. 세상 사람의 근로勤勞는 화패禍敗의 장본이요, 그대의 태일怠逸은 복을 받는 근원이야. 세상 사람은 추세를 잘하여 시비가 분분하되, 지금 그대는 물러앉아 아득히 소문이 없고 세상 사람은 물物에 팔려 이욕에 날뛰는데, 지금 그대는 걱정 없이 제 정신

을 잘 기르니, 그대의 심신心身에 어느 것이 흉하고 어느 것이 길한
가. 그대의 유지有知를 버리고 무지無知를 이루며, 그대의 유위有爲를
버리고 무위無爲의 지경에 도달하며, 그대의 유정有情을 버리고 무
정으로 지키며, 그대의 유생有生을 버리고 무생無生을 즐기면, 곡신
(谷神, 골짜기의 텅 비어 있는 곳이란 뜻으로, 헤아릴 수 없이 깊
고 미묘한 도道를 의미함)은 죽지 아니하여 하늘과 더불어 짝이
되고, 아득하고 아득하여 원시元始에 합할 걸세. 나는 장차 그대를
안보할 텐데, 그대가 도리어 나를 나무라니 사람이 자신을 요량
못한다면 의심스럽지 않은가." (「조용」)

용귀, 즉 게으름 귀신은 먼저 세상이 바라는 굳음과 강함, 깨끗함, 우
뚝함은 오히려 오래가지 못한다고 하면서 돌과 산처럼 그 움직임이 고
요한 것이 자기의 수壽를 다한다 했다. 권태로움으로 잠만 청하는 게으
른 성자(成子, 글쓴이인 성현)에게 귀신은 고요한 돌과 산 같다면서 게
으름이 복을 받는 근원이라 한다. 이후 귀신은 부지런히 움직여 애를
쓰는 세상 사람들이 시비를 가르며 이욕에 날뛰는 모습과 비교해 물러
앉아 있어 소문이 없고 정신을 기를 만한 여유가 있으니 심신에 길하
다고 칭찬하며 무지, 무위, 무정, 무생하면 헤아릴 수 없이 깊고 미묘한
도道, 곧 곡신谷神에 짝이 되고 아득한 원시元始에 합한다고 했다.
　이 글에서 "세상 사람의 근로勤勞는 화패禍敗의 장본이요, 그대의
태일怠逸은 복을 받는 근원"이라는 귀신의 말로 분명히 드러나듯이 근
로와 권태는 명백한 의미론적 대립을 이루고 있다. 그런데 흥미롭게도
'굳셈'이나 '강함', '깨끗함'에 대립하는 의미는 '부드러움'이나 '약함', '더
러움'이 아니라 '지극히 굳셈', '지극히 강함', '지극히 깨끗함'이다. 이로
써 권태는 꺾이거나 부서지지 않고 더러움을 타지도 않는, 즉 변화하지
않는 자기 보존의 의의를 갖게 되는 것이다. 이렇게 의미론적 대립으로
부터 시작하여 대립적 구도를 무화할 뿐 아니라 통념적인 우열의 위상

을 전복시키는 논리 전개는 권태의 위상을 드높인다.

한편 이 글의 권태는 유치환(柳致環, 1908~1967)의 「바위」를 연상시키기도 한다. "아예 애련愛憐에 물들지 않고 / 희로喜怒에 움직이지 않고 / 비와 바람에 깎이는 대로 / 억년億年 비정의 함묵緘默", "안으로 안으로만 채찍질하여 / 드디어 생명도 망각하고", "꿈꾸어도 노래하지 않고 / 두쪽으로 깨뜨려져도 / 소리하지 않는" '바위'는 「조용」에서 비유되는 '굳고 강한 돌'의 속성과 상통한다. 즉 바위는 애련과 희로에 물들지 않고 움직이지 않는 '무정'과 '무위', 생명조차 잊어버리는 '무지'와 '무생'은 지극한 게으름이 미치는 아득히 깊고 미묘한 경지의 형상이다.

그런데 이 글의 제목은 '게으름을 조롱한다'는 의미를 갖는다. 귀신까지 등장시켜 게으름의 가치를 밝히면서 이렇게 반어적인 제목을 붙였다는 것에 의아해진다. 따라서 제목과 글 내용의 상관성에 대해 숙고해볼 필요가 있다. 표현론적 전통으로 보자면 이 글의 내용 구성은 자기 안에 있는 병폐를 의인화시켜 객관화하고 성찰하는 구조를 가지며 글의 주제는 그 병폐를 자기답게 만들어주는 가치로 수용하는 것이다. 그러면 이 글의 제목은 '찬용讚慵' 정도가 되는 것이 자연스럽다. 그런데도 '조용'이라 제題한 까닭은 게으름을 예찬하는 한편, 그 과도한 미화에 다소 거리를 두고 있는 글쓴이의 태도를 드러내는 것이다.

이렇게 이 장에서는 세 글에 나타난 게으름에 대한 생각을 살펴보았다. 논의를 종합해보자면 먼저 「용풍」에서는 게으름이 초래한 현상만 제시되어 있지 게으름 자체에 대해서는 적극적인 의미 부여가 이루어지지 않았다. 그렇다고 권태증을 유교적 가치인 인의로 치유할 수 있다고 보는 것은 아니었다. 인의의 가치는 마음을 옮길 수 있는 목표 중 하나로 취급된 것일 뿐, 서술 시각은 오히려 주색에 경도되어 있다. 그러나 마음이 게으름의 원인이라는 깨달음은 유효하다. 주색에 마음이 가니 몸의 게으름이 없어졌다는 경험은 현재의 무기력한 권태증이 결국 마음의 문제라는 사실을 깨닫게 해준다.

「용부전」은 어떤 일이든 의욕이 없어지는 권태로운 그 마음이 어디서 비롯되었는가를 탐구한다. 소용을 구하며 분주한 일상을 영위하는 가운데 피로해진 마음과 몸은 절로 게을러진다. 더욱이 자유로운 성품을 가진 이[至人]에게 가치 체계가 확고한 사회와 그에 따른 틀에 박힌 생활이란 수인囚人의 생활에 다름 아니다. 그래서 용부는 성인과 천지의 부지런함을 따라 살라 권유하는 근수자에게 창을 겨누었다. 그렇다고 용부가 권태에 대한 심화된 인식을 옹호하며 적극적으로 표현하는 것은 아니다. 단지 유교적 문명에 반감을 강하게 드러낼 뿐이다.

이에 비해 「조용」에서는 권태의 가치가 구체화되며 선양된다. 게으름 귀신의 말은 권태에 대한 대단한 찬사라 할 만하다. 「용풍」에서 게으름은 그 원인이나 동기가 밝혀지지 않은 채 병으로 취급되었지만, 「용부전」에서는 남들에겐 게으름뱅이처럼 비춰질 수도 있으나 정작 본인은 지인이라는 자기 확신이 있었다. 그러나 어떤 가치 지향을 지니고 어떻게 살아야 지인인지를 명확히 드러내지는 않았다. 「조용」은 귀신의 입을 빌어 지극한 권태가 갖는 의미와 의의를 강조하면서도 그에 대한 거리 두기의 의식을 제목으로 표현했다.

4. 유교문명사회에서 권태가 갖는 의미

앞의 내용에서는 「용풍」, 「용부전」, 「조용」을 통해 유학적 지식인인 사대부가 감지한 권태의 형상과 인식을 살펴보았다. 그런데 흥미로운 점은 이들이 실제로는 게으름뱅이가 아니었다는 사실이다. 이규보는 신진사대부의 대표적인 인물로서 고려 무신정권 아래 최고의 지위를 누렸으며, 대문장가로 문명文名을 떨칠 만큼 '부지런한' 관료 문인이었다. 성간은 「용부전」을 쓴 그해(1453) 관직에 진출하여 전농직장典農直長을 역임하다가 이듬해인 1454년 집현전 수찬修撰이 되었는데 3년도 지나지

않아 요절했다. 지인知人이 그 죽음의 원인을 독서벽讀書癖과 과로라 할
정도였으니, 그가 얼마나 열심히 살았는지 짐작할 수 있다.

성현에 대한 평가로 조선왕조실록을 참조해보자. 졸기卒記에 이르
기를, 성현은 "문장이 건실, 익숙하여 오랫동안 문형文衡"을 맡았으며 또
"음률音律에 정통하여 늘 장악원 제조를 겸임하였다"고 했다.[6] 세조, 예
종, 성종, 연산군 등 네 왕의 통치 기간에 대사간, 형조참판, 평안도관
찰사, 예조판서, 공조판서 겸 대제학 등을 지낸 성현은 거의 평생을 관
리로서 살았다고 할 만하다. 또 그는 시문 외에도 음률에도 정통했기
에『악학궤범樂學軌範』을 완성하는 역할을 했다. 연산군 대에는 대제학을
맡아 한 시대의 문풍을 저울질하는 문형을 역임했으니 성현도 한가함
과는 거리가 먼 인물이다.

그런데 성현 졸기에는 흥미로운 기록이 있다. 그에 대해 "관리의
재간이 없고 사정事情에 소활하여 어디서나 큰 공적이 없었다"[7]는 최종
적인 평가가 덧붙여진 것이다. 이런 평가를 받는 사람이 어떻게 40여
년간 큰 과오 없이 여러 중책을 역임했으며 문신의 최고 영예인 대제학
의 자리까지 오를 수 있었을까 의문이 든다. 그러나 한편으로는 관리
의 재간으로 억지로 일을 꾸미지 않으며 사정에 구애되지 않는 일처리
방식이 그의 처신책이자 능력이라 수긍할 수도 있다. 오히려 성현이 일
에 소활함은 자유로운 우활迂闊함이요, 특별한 공적이 없음은 소리聲: 명
성를 구하지 않는 용慵의 실현으로 평가할 수 있다.

그런데 왜 이규보, 성간, 성현 등은 학문을 닦는 사부士夫의 삶과
유교 국가의 관리로서 대부大夫의 삶에 모두 충실했는데도 절실한 권태

---

6   爲文章健熟, 久典文衡, …… 又精於音律, 常兼掌樂提調,「연산군 10년, 1월 19일 기사」,
      『조선왕조실록』(http://sillok.history.go.kr).

7   但無吏幹, 闊於事情, 所至無聲(續),「연산군 10년, 1월 19일 기사」,『조선왕조실록』.

감을 표현한 글을 남긴 것일까? 그 이유에 대해 두 측면에서 살펴볼 수 있다. 우선 사회적 측면에서 유교적 문명사회의 특징을 검토해보자. 유교사회에서는 법보다 사회적 규범이자 인간관계의 형식인 예禮가 중시되며, 법치보다 예치가 강조된다. 실로 예치는 정교하고 세련된 문명적 통치 기술이라 할 수 있다. 외부적인 법에 의해 불법적인 행동을 규제하는 것보다, 예를 내면화한 양심을 갖게 하여 문명의 요구에 자발적으로 따르게 하는 것이 효율적이기 때문이다.

이러한 사회에서 사대부는 극기복례克己復禮를 실천하는 모범이 되어야 했다. 사대부는 군자君子로서 바람이 풀을 눕게 하듯이 백성을 교화하는 사회적 역할을 하며 그러한 도덕적 기능을 바탕으로 다른 신분의 사람들을 다스릴 수 있는 권리를 보장받았다. 비록 현실적으로는 도덕적 자기 수양이 부족한 사대부가 많았지만, 원칙적으로 유교사회에서 사대부는 도덕군자로서 삶을 살아야 했다. 더욱이 이상적 모델로 부지런한 성인聖人을 제시하고 그러한 삶을 사는 것은 하늘의 명령이라 강조하는 유교문명은 사대부에게 신경증을 유발할 만한 요구를 했다고 할 수 있다.

이러한 맥락에서 유교문명에 대한 사대부 계층의 피로감과 그 때문에 발생한 권태를 이해할 수 있다.[8] 그렇지만 모든 사대부가 이규보

---

8 위의 설명은 유교문명에 대한 일반적인 논의일 뿐, 유독 여말선초라는 특정한 시기 사대부의 권태에 대해서는 충분한 논의가 되지 못할 것이다. 여말선초에 게으름을 주제로 삼는 글이 많으며 게으름을 자신의 특성으로 삼아 호를 짓기도 했다는 사실은 이 시기 사대부의 성격에 대한 해명을 요청한다. 여말선초의 사대부들은 유교 이외의 학문이나 종교에 대해 그리 배타적이지 않았던 듯싶다. 유교는 정치적, 학문적 영역에서 강력한 영향력을 가졌으나 생활이나 종교 영역을 장악하지 않은 상태였기에 이들은 조선 중후반의 사대부들과 비교해 유연하고 자유롭게 다른 학문이나 종교를 접하지 않았을까 한다. 때문에 유교와는 다른 삶이나 가치를 경험할 기회가 있었던 여말선초의 사대부들은 유교에서 강조하는 근면성, 윤리성을 상대화하고 성찰할 수 있었던 것이라 이해할 수 있다.

처럼 권태로 생긴 병증을 솔직히 고백하거나, 성간같이 권태감을 느끼는 자기에 대한 자긍심을 표현하거나, 성현마냥 권태의 가치를 주장하지는 않았다. 그렇다면 예민한 촉수로 권태를 감지하고 표현할 수 있었던 이들에게는 유별난 특성이 있었을 것이라 가정할 수 있다. 그 특성은 방달放達한 자유로움이 아닐까 한다. 『고려사』를 집필한 사관은 이규보에 대해 "성질은 활달하여 생산은 돌보지 않고 술을 좋아하여 호탕하고 그 시문은 옛 사람을 본받지 않았다"[9]고 평했다.

성간은 그 사유의 자유로움이 돋보인다. 그는 엄격하게 경전에만 얽매이는 도학자적인 선비와는 다른 부류의 인물로 불교에 관심을 기울였는가 하면, 문자 외에 잡예에도 각별한 관심과 재능을 가졌다. 또 유학자들이 폄시한 패설류의 서적을 탐독했다.[10] 성현도 이런 형을 따라 개인적으로 불교를 숭상했으며 경전 외에 잡기류의 저술에도 깊은 관심을 보였고 음악을 비롯한 각종 잡예에도 능통했다. 성현의 성품은 호방하여 농기弄氣도 다분할 뿐 아니라 주변 사람들로부터 '광탄불경狂誕不經'하다는 소리를 들었을 정도였다고 하니 그의 자유로움을 충분히 가늠할 수 있다.

한편 이들의 자유로움을 문명과 관련해 생각해볼 수 있다. 프로이트는 문명과 자유의 관계에 대해 다음과 같이 말했다. "자유에 대한 욕망은 원래 인간의 개성 가운데 아직 문명에 길들이지 않고 남아 있는 부분에서 나온 것일 수도 있고, 따라서 문명에 대한 적개심의 토대가 될 수도 있다. 그러므로 자유에 대한 욕망은 문명의 특정한 형태나 요구에 저항하거나 문명 전체에 저항한다."[11] 이런 견해에 비추어보면 이

9   장덕순 해설, 김열규, 신동욱 편집, 『이규보연구』, 새문사, 1986, 8쪽 재인용.
10   홍순석, 『성현문학연구』, 한국문화사, 1992, 32쪽.
11   S. 프로이트, 『문명 속의 불만』, 김석희 옮김, 열린책들, 2003, 272쪽.

규보, 성간, 성현의 자유로움은 유교문명에 불만을 갖고 저항할 만한 토대가 될 수 있었다. 성간 자신이 투영된 용부의 경우에는 근수자에게 창을 겨누기도 할 정도였으니 적개심의 강도도 높았다.

만약에 이들이 사대부의 신분이 아니었다면 자유에 대한 열망은 기행奇行과 일탈적 행위로 표출되었을 것이다. 그렇지만 유교사회의 사대부로서 관료의 소임을 맡아 사회적 관계를 맺으며 책무를 이행해야 했던 이들이 반사회적 행동을 일삼기란 쉽지 않았을 것이다. 오히려 자유에 대한 열망은 밖으로 표출되지 못한 채 불만으로 누적되어 권태증으로 나타났다고 보는 것이 타당하다. 특히 이들의 권태는 수치심이나 죄책감의 발로가 아니라 자긍심을 바탕으로 하고 있었다. 이러한 권태를 제재題材로 한 글쓰기 행위 자체가 사회적인 실천이라고 한다면, 이들은 권태를 표현함으로써 문명에 대한 비판을 하는 셈이다.

다행히도 이규보, 성간, 성현 등은 자신이 진심으로 좋아하고 열정을 쏟을 수 있는 대상이 있었다. 이규보는 시마詩魔에 시달리는 괴로움을 토로할 정도로 시 짓기에 몰두했고, 집현전 수찬을 역임한 성간은 서적에 심취할 수 있었으며, 음악에 조예가 깊었던 성현은 노래와 음악 속에 살았다. 이렇게 몰입할 수 있는 대상이 있었기에 이들은 어느 정도 자유에 대한 열망을 문명이 인정하는 방식으로 승화하며 권태를 잊을 수 있었다. 덧붙여 이규보와 성간의 경우, 문명에 기여해야 할 에너지를 주색으로 탕진하는 소극적인 반항도 이들의 권태증을 잠시 낫게 한 것으로 보인다.

그러나 예술로의 승화와 주색에 대한 탐닉은 권태증에 대한 근본적 치유 방안이 될 수 없다. 권태증의 근본적인 원인을 제거하는 데까지 이르지 않기 때문이다. 문명에 길들여지지 않은 본능의 영역 어딘가에서 꿈틀대는 불만과 문명적 제약에 구애됨 없이 자기를 실현하려는 의지는 깊고 질기다. 그렇지만 불만을 사회개조로 실현할 능력이나 방도는 찾기 힘들며, 반사회적 자기실현 의지를 실천하는 것은 무모하고 위험하다. 그럴 때는 차라리 남들에게 게으름뱅이로 보일망정 안으로 단단히 자기를 지키는 지인포人으로 느리고 고요한 삶을 사는 편이 가치롭다. 이런 관점에서 사대부의 권태慵는 문명비판적 용기勇라 평할 만하지 않을까 한다.

5. 권태로운 사대부가 던지는 물음

여말선초의 사대부인 이규보, 성간, 성현은 권태를 주제로 삼아 상호텍스트적 대화를 나누면서 권태를 그려내고 그에 대한 자신의 생각을 표현했다. 이들은 세세한 일상의 국면에서 지긋지긋한 권태를 경험했으며 그 심각성을 잘 알고 있었다. 그러나 이들은 권태가 부끄러운 것이라든지 죄책감을 가져야 한다는 생각은 하지 않았을 뿐 아니라 성간과 성현의 경우에는 권태를 느끼는 자기에게 자긍심조차 갖고 있었다.

현대인의 권태를 성찰하는 데 「용풍」, 「용부전」, 「조용」이 어떤 시사점이 있는지를 중심으로 각 작품의 내용을 정리하면 다음과 같다. 「용풍」은 우리에게 권태는 마음으로 만들어낸 것임을 가르쳐준다. 기욕에 휘둘려 주색의 향연장으로 서둘러 가려는 주인은 권태롭지 않았다. 그러나 특정한 대상에 미혹될 때 잠시 권태를 잊을 수 있을지라도 그것이 몸과 심성을 상하게 한다면 경계해야 할 것이다.

「용부전」에서는 권태로운 용부의 모습을 '나무로 깎아 놓은 허수아비木偶人'로 비유했다. 자신이 누군가의 조종을 받아 움직이는 목각인형처럼 여겨질 때, 즉 나의 열정과 의지로 할 수 있는 일이 별로 없을 때 우리는 권태를 절감하며 자조自嘲하듯 자기를 게으름뱅이[慵夫]로 부르기도 한다. 그러나 권태로워하는 우리 내면에는 지배적인 삶의 방식과 가치를 강요하는 이에게 지인포人처럼 창을 겨누고 싶은 열망이 숨어 있다.

「조용」은 귀신의 말을 통해 권태가 어떤 가치를 지니는지 일러준다. 게으름 귀신은 '근로勤勞는 화패禍敗의 장본이요, 태일怠逸은 복을 받는 근원'이라 주장하며, 시비를 가리지 않고 이욕에 날뛰지 않는 게으름으로 덕분에 오히려 수를 다하며 정신을 기를 수 있다 했다. 그런데 게으름 귀신이 하는 말은 근로와 태일, 세속과 탈속 등 의미론적 대립을 이룬다. 이런 방식으로 권태는 문명적 가치를 그 반대편에서 성찰하는 입지가 될 수 있다.

그런데 권태를 바닥까지 파고들어 성찰하고 표현한 이규보, 성간, 성현 등은 관료 문인으로서 대단한 경력과 성취가 있는 인물들이다. 그런데도 이들이 권태를 절감한 이유는 첫째, 사대부가 감당해야 했던 유교문명의 과다한 요구로 인한 정신적 피로감 둘째, 자유로운 기질과 방달한 사유 등이다. 특히 후자로 유교문명과 화해로운 관계를 형성하지 못하는 이들은 권태를 표현하고 긍정함으로써 문명을 비판하고 있는 것이다.

현대 물질문명에 대해서도 우리는 종종 권태를 느낀다. 유한한 세계에서 무한한 성장을 약속하는 자본주의문명에 대한 피로감도 극심하며, 그 성장을 위해 우리의 에너지를 경쟁적으로 쏟는 것도 힘겹기 때문이다. 더욱이 최근의 경제 상황은 자본주의적 성장에도 한계가 있음을 잘 보여준다. 이런 시대를 살아가는 우리에게 일찍이 권태를 절감하고 성찰한 이들의 글은 권태에 대한 진지한 물음을 갖게 한다.

우리 시대 한 실천적 지식인은 말했다. "결국 문제는 생활의 주체인 우리 자신이다. 성장 시대의 종식을 오히려 반기면서 '성장 없는 사회'가 오히려 더 인간적으로 건강하고 풍요로운 사회임을 상념할 수 있는 정신적 능력이 중요하다고 할 수 있다."12 권태는 생산적이거나 사회

발전에 기여하지 않는다. 그러나 선인의 글과 대화하며 사유를 훈련하
는 것은 문명을 성찰하는 정신적 능력을 기르는 좋은 기회가 될 수 있
을 것이라 기대한다.

'취집'의 선배가 후배들에게

— 19세기 여성의 권태

최하영

1. 들어가며

페미니즘은 여러 세대에 걸쳐 여성의 동등한 사회 진출을 위해 투쟁해 왔다. 대학 신입생의 절반이 넘는 수를 여학생이 차지하고 알파걸들에 밀려 기를 펴지 못하는 남학생들에 대한 걱정이 널리 회자되는 현실을 보면 페미니즘은 그 목표를 거의 성취한 듯이 보인다. 그러나 근래의 전지구적 경제 불황과 그에 따른 심각한 청년실업의 여파는 페미니즘이 고단한 투쟁을 통해 이루어놓은 성과를 하루아침에 몇 세대 이전으로 돌려놓은 듯하다.

'미혼여성 구직자 2명 중 1명이 취업 대신 취집을 고려한다'는 통계가 있을 만큼 많은 수의 여성이 대학 혹은 대학원을 졸업하고도 사회 진출 대신 결혼을 고려한다. 연애의 결과로서의 '결혼'이 아닌 '취집'인 것은 직업으로서 '아내'이기 때문이다. 입사하기도 쉽지 않으며 자신의 적성에 맞는 일도 아니고 언제 잘릴지도 모르는 직장에서 불안하게 일하느니 안정된 전문직, 적어도 '정규직' 남성과 결혼해 육아와 가사에 전념하는 전업주부로 살겠다는 것이다. 사회적 편견과 제약 때문에 상급 학교로의 진학과 사회 진출이 원천적으로 제한당했던 선배 여성들과 비교한다면, 모든 가능성이 열려 있는데도 일 대신 결혼을 선택하겠다는 여대생들의 응답은 나약하거나 양손에 떡을 쥐고 엄살을 피운다는 인상을 줄지도 모르겠다. 그러나 직장 내에 보이지 않는 유리천장이

엄연히 존재하며 비정규직의 다수를 여성이 차지하고 여성의 평균임금이 남성의 62.9퍼센트에 불과한 현실. 그러한 직장마저도 들어가기 위해 4년 내내 학점 관리를 하고 스펙을 쌓고 수십 장의 이력서를 써야 하며 면접을 거치고 졸업 후에도 몇 년을 취업준비생으로 지내야 하는 88만원 세대 여성의 고민을 생각하면 이들이 느끼는 답답함과 위기감이 이전 세대 여성들과 견주어 결코 덜하다고 볼 수는 없다.

제인 오스틴이 그린 18세기 후반에서 19세기 초 영국 젠트리^{gentry} 계급의 경우 여성에게 허용되는 사회 진출의 통로는 가정교사직이 거의 유일했다. 이마저도 사회적으로 인정받기보다는 스스로 일을 해야만 살 수 있는 경제적으로 곤궁한 여성이 택하는 직업이라는 시선 아래 무시나 연민, 비하를 받곤 했다. 예를 들어『엠마』의 제인 페어팩스는 미모와 재능을 겸비한 재원이지만 재산이 없는 고아라는 처지 때문에 가정교사로 일할 수밖에 없으며『제인 에어』에서 잉그램 양과 그녀의 어머니는 제인 에어를 면전에 두고 자신들이 고용했던 가정교사들이 "절반은 끔찍하고 나머지 절반은 어리석었으며 모두 악몽과 같았다"며 조롱하고 비난한다. 여성에게 독립적인 법적 신분이 인정되지 않고 따라서 상속권이나 참정권도 허락되지 않았으며, 일을 통해 자신의 생계를 꾸려갈 수 있는 수단이 매우 제한된 사회적 환경에서 '결혼'은 아버지나 친척의 보호 아래 머물지 않는 여성이 사회적 신분을 유지하고 경제적으로 생존할 수 있는 사회적으로 권장되는 유일한 수단이었다. 이른바 '취집'이 이들에게도 자신의 운명을 결정하는 중대 관심사였던 것이다. 그러므로 19세기 초의 영국 사회를 여성의 눈으로 세심히 관찰한 오스틴의 여섯 작품 속의 주요 주제가 '연애와 결혼'인 것은 전혀 이상한 일이 아니다.

이 글에서는 특히 오스틴의『맨스필드 파크^{Mansfield Park}』를 중심으로 19세기 여성이 결혼 후 경험했던 권태의 의미를 고찰해보고자 한다. 사회적으로 여성에게 권장되는 거의 유일한 성취인 '결혼' 이후의 삶에

서 가사와 육아의 부담에서 벗어나 있는 중산층 이상의 여성들은 경중
의 차이는 있으나 대부분 일정 정도 이상의 권태를 경험했다. 이 권태
를 어떻게 통제하고 처리하느냐의 문제는 가부장적 질서 유지를 위해
서 중요한 사회적 문제로 대두되었다. 당대의 주류 담론들은 여성의 권
태가 일상적으로 나타나는 현상임을 인정했지만 주로 도덕적 관점에
서 경계해야 할 악덕으로 여겼다. 동시에 그것이 불러오는 재앙을 강조
하며 권태를 방지하기 위한 여러 수단을 여성들은 필히 습관처럼 몸에
익혀야 한다고 제안했다. 1963년 미국의 베티 프리던Betty Friedan은 『여성
의 신비The Feminine Mystique』에서 겉으로는 평온한 중산층 여성들의 삶에
나타나는 오래되었으나 '이름은 없는 문제'를 페미니즘의 주요 의제로
제기했다.

2. 욕망이 없음으로 욕망의 대상이 되다

권태 혹은 지루함을 철학이 다루어야 할 중요한 문제로 여기고 여러
관점에서 고찰하는 라르스 스벤젠의 『지루함의 철학』은 지루함이 근
대, 특히 낭만주의 이후에 도래한 현상임을 지적한다. 그는 권태를 낙
원을 잃어버린 이후의 의미 상실과 연결하여 인간의 생애주기에서는
아동기에서 성인기 사이의 과도기인 청년기적 특성이라고 언급하지만,
권태의 여성적 성격 혹은 여성이 경험하는 권태에 대해서는 별 언급을
하지 않는다. 오히려 여론조사나 심리 연구를 예로 들어 이유는 알 수
없으나 남성이 지루함을 여성보다 더 많이 경험하며 지루하다는 말도
더 많이 한다고 언급함으로써, 자신이 고찰하는 철학적 주제에 은근히
남성적 성격을 부여하고자 했다.[1] 그가 전거로 사용하는 문학 작품의
대부분이 『빌리엄 로벨William Lovell』이나 『아메리칸 사이코American Psycho』
와 같이 거대한 자아와 의미 상실의 문제를 두고 분투하는 남성 주체

를 다루고 있어서 더욱 그러하다. 여성들이 지루함을 덜 느끼거나 덜 표현하는 이유에 대한 그의 추측은 몇몇 페미니스트에게 시대착오적으로 들릴 법하다. "여성들은 남성들이 신경 쓰지 않는 다른 삶의 의미들까지 캐물으면서, 삶에 대해 남성들과는 다른 욕구를 가지고 있기 때문인지도 모른다."[2] 이것이 의미하는 바가 만약 여성은 사소한 일들을 하면서도 그것의 의미를 증폭시켜 혹은 그에 얽매여 인생의 지루함을 잊을 수 있는 존재라는 것이면 이는 200년 전 제인 오스틴 시대의 주류 담론과 같은 선상에 놓인다.

『맨스필드 파크』에서 하층 젠트리 계급 출신의 패니 프라이스는 이모인 노리스 부인의 주선과 이모부인 준남작 버트램 경의 호의로 가난한 포츠머스의 집을 떠나 우아함과 풍요로움이 지배하는 맨스필드 파크에서 자라게 된다. 자신이 부유한 사촌들과는 다른 처지임을 항상 주지 받으며 자란 패니는 상냥하고 다정한 사촌오빠 에드먼드를 사랑하지만 감히 그 사랑을 표현하지는 못한다. 에드먼드가 아름답지만 이기적이고 분별력이 부족한 메리 크로퍼드에게 마음을 뺏기고, 패니는 부유하나 바람둥이인 헨리 크로퍼드의 끈질긴 구애를 거절해 주위 사람들의 분노에 가까운 의문을 불러일으키는 등 곡절을 겪는다. 하지만 이미 결혼한 사촌 마리아와 헨리의 도피 행각을 통해 패니의 판단이 옳았음이 증명되면서 패니와 에드먼드의 행복한 결합으로 작품은 마무리된다.

오스틴의 다른 작품에서와 마찬가지로 『맨스필드 파크』의 청춘 남녀들은 신분과 취향에 맞는 상대를 고르기 위해 바쁘다. 그것을 위해 무도회가 열리고, 마차를 함께 타고 여행을 가며, 연극 공연을 하고,

1   라르스 스벤젠, 『지루함의 철학』, 도복선 옮김, 서해문집, 2005, 28~29쪽.
2   같은 책, 28쪽.

하프를 연주하고, 숲길을 돌며 산책을 한다. 책을 읽거나 바느질을 하는 겉으로는 평온해 보이는 저녁의 응접실에서도 물밑으로는 상대방의 의중을 떠보고, 자신의 마음을 암시하고, 그에 따라 절망과 환희의 감정이 파도를 타는 드라마가 펼쳐진다. 짝짓기의 시절을 통과한 나이든 사람들은 집안의 이해관계 때문에 혹은 단순한 관심과 흥미 때문에라도 이들의 연애와 결혼사에 협력자 혹은 방해자로서 말을 거들고 책략을 보탠다.

『맨스필드 파크』로 다시 돌아가면 이렇게 재잘거리며 분주하게 돌아가는 오스틴의 세계에서 패니가 맨스필드 파크로 올 수 있었던 끈인 패니의 이모, 즉 이 저택의 안주인인 버트램 영부인은 그 대척점을 표현하는 인물로 보인다. 버트램 영부인은 집안의 대소사를 동생인 노리스 부인에게 맡겨두고 자녀들의 결혼 문제를 비롯한 모든 문제에 무관심하다. 그녀는 하루 종일 멍하고 산만한 채로 애완견을 옆에 두고 바느질을 하다 깜빡깜빡 졸곤 한다. 파티 등의 사교모임에는 건강 등의 핑계를 대어 거의 참석하지 않으며 동생과 논쟁을 해야 할 일이 있을 때에도 '귀찮기 때문에' 상대방의 주장을 거의 받아들인다. 작품 내내 그녀는 저택의 안주인으로서의 품위와 위엄을 지니고 있다기보다는 '허수아비'와 같은 모습으로 그려지고, 상황과 맥락에 맞지 않는 발언을 함으로써 독자들의 실소를 유발한다.[3]

교양과는 담을 쌓고 진지함과는 거리가 먼, 단지 게으르고 둔해

---

3   『맨스필드 파크』는 여러 번 영화화되었는데, 그때마다 감독의 의도와 해석에 따라 버트램 영부인도 조금씩 다르게 묘사되었다. 퍼트리샤 로제마Patricia Rozema가 감독한 1999년 각색작에서는 그녀의 권태와 어리석음이 더욱 과장되게 그려져 틈만 나면 술을 홀짝거리고 아편을 하는 모습으로 나온다. 반면 2005년 ITV의 각색작에서는 관심이 없는 듯하면서도 패니와 에드먼드 사이의 애정을 누구보다도 먼저 감지하고 그들의 결합을 도와주는 지혜로운 어머니로 묘사된다.

보이는 이 유한부인의 팔자 좋은 '권태'도 과연 고찰할 만한 가치가 있을까? 서구 문학 속의 권태Ennui에 대해 기념비적인 저작을 남긴 라인하르트 쿤Reinhard Kuhn이라면 부정적인 대답을 했을 것이다. 그는 시대를 달리 하기는 하지만 매우 비슷한 양상을 보이는 현대 중산층 주부의 권태를 자신이 관심을 가질 만큼 흥미롭지 못하다는 이유로 연구대상에서 제외시켰다. "그녀는 읽고 있던 잡지나 보고 있던 텔레비전 드라마에 싫증이 나서 칵테일 또 한 잔을 만들어 마신다. 아니면 자기와 마찬가지로 지루해하는 친구에게 전화를 걸어 아무것도 아닌 얘기를 몇 시간이고 한다. 그것도 아니면 드라마나 잡지처럼 똑같이 별 의미가 없는 다른 일을 하든지."⁴ 쿤은 그녀들이 겪는 "피상적이고 희미한 불안"은 보바리 부인과 같은 위대한 문학 속 인물이 겪는 "형이상학적 질병 metaphysical malady"과는 차원을 달리 한다고 주장한다. 그에 반해 퍼트리샤 스펙스Patricia Spacks는 "눈에 띄지 않고 흥미롭지도 않은" 이들의 권태가 많은 문학 작품 속에서 재현되어왔고 충분히 고찰할 만한 가치가 있다고 응수한다.

젊었을 적의 버트램 영부인은 7천 파운드라는 보잘것없는 지참금밖에 없었지만 아름다운 용모를 수단으로 버트램 경을 "사로잡음으로써captivate" 누구나 부러워할 만한 결혼에 성공했다. 이러한 과거를 지녔다면 통상적으로 오스틴의 세계에서는 『오만과 편견』의 베넷 부인처럼 자식들의 성공적인 결혼을 위해 사교 모임과 파티에 적극적으로 나서든지, 캐서린 영부인처럼 신분이 맞지 않는 상대와 하는 결합은 먼 길을 달려와서라도 반대하는 것이 보통이다. 그런데 작가는 그러한 역할을 그녀와 짝패를 이루는 인색하고 이기적인 동생 노리스 부인에게 부

4 Patricia Spacks, *Boredom: The Literary History of a State of Mind*, Chicago: U of Chicago, 1995, p.179에서 재인용.

여하고, 그녀는 여성으로서의 주체적 욕망은 물론 어머니나 아내로서
의 어떤 적극적 욕망도 없는 존재로 그렸다. 그녀가 애초에 어떻게 맨
스필드의 안주인이 될 수 있었는지를 살펴보면 이러한 불가사의할 정
도의 '무욕망'을 이해할 수 있다.

　작품에는 버트램 경을 사로잡은 영부인의 매력이 무엇이었는지
자세히 나와 있지 않으나 1765년 출판되어 1813년 14판을 찍을 때까
지 영국 여성, 특히 미혼 여성들의 품행지침서로서 선풍적 인기를 구가
한 제임스 포다이스James Fordyce의 『젊은 여성들에게 주는 설교Sermons to
Young Women』[5]를 통해 짐작해볼 수 있다. 포다이스는 자신을 보편적 남
성의 일원으로 여기고 남성이 원하는 여성의 모습을 제시했다. 이 시
기는 영국의 제국주의적 세계 진출로 신랑감이 특히 부족했던 때였다.
『젊은 여성들에게 주는 설교』에 따르면 남성과 여성은 본질적으로 다
른 존재로서, 여성은 "자녀들의 어머니"이자 "즐거운 공감과 애정으로
우리의 기쁨을 향상시키고, 고통을 위로하는 부드러운 짝"이라고 정의
한다. 남성의 성취를 돕기 위해 집안일에 대한 그들의 근심을 덜어주
고, 인간 생활에 우아함을 더하여 윤활유가 되는 존재이기도 하다. 남
성들과는 구별되는 그러한 여성적 임무를 잘 수행하기 위해 요구되는
특질은 '부드러움tenderness'과 '정숙함chastity'이다. 포다이스에 따르면 그
렇기 때문에 여성이 남성과 견줄 정도로 건강하거나 신랄한 재치가 있
거나 수줍음 없이 활달한 것은 바람직하지 못하며, 대부분 남성은 그
러한 여성을 일시적인 연애의 대상으로서는 몰라도 진지한 결혼 상대
로서는 부적합하게 여긴다는 것이다. 이는 보수적인 관점에서 에드먼

5　　오스틴은 『오만과 편견』에서 속물적이고도 우스꽝스러운 인물인 콜린스 씨가 베넷
　　　가의 아가씨들에게 "자신은 소설은 읽지 않음을 양해해달라"며, 대신 포다이스의 『젊은
　　　여성들에게 주는 설교』를 낭독하게 함으로써 이 품행지침서의 편향된 성격에 대한 작가
　　　자신의 의견을 드러낸다.

드가 건강하고 재치 있으며 활달한 메리 크로퍼드가 아닌, 연약하고 내향적이며 수줍음 많은 패니를 결혼 상대로 선택하는 것에 대한 훌륭한 설명이 되기도 한다.

'부드러움'과 더불어 여성 특질의 중요한 부분을 이루는 '정숙함'에 대하여 또 다른 품행지침서의 저자인 윌크스Wetenhall Wilkes는 이렇게 말한다. "정숙함은 모든 불순한 욕망과 자의적인 오염과 죄 많은 욕정 그리고 모든 감각적이고 육체적인 쾌락을 과도하게 사용하는 것을 모두 억누르는 것이다. 모든 불순하고 더러운 생각에 저항하고 모든 유혹적인 대상을 극복해야 하는 것이 이 미덕이 해야 하는 일이다. 정숙함은 여성에게 가장 본질적이고 자연스러운 자질이므로 정숙함에서 멀어지는 만큼 여성성에서도 멀어진다. 정숙하지 않은 여성은 정상적인 형태에서 멀어진 일종의 괴물이다."[6] 도덕적으로 문제시되는 '불순한 욕망'은 물론, '모든 감각적이고 육체적인 쾌락'의 적절치 못한 사용까지 금기시하는 사회에서 사실상 여성의 모든 욕망은 금기시되고 억압된다. 어떤 욕망이 '불순'하고 '자의적'이며 '죄 많은'지, 어느 정도가 적절함을 벗어난 '과도'한 것인지의 규정이 욕망의 소유자인 여성이 아닌 남성의 눈으로 결정되기 때문이다. 아름다운 용모와 더불어 "매우 평온한 감정과 순한 성품"을 지녔다고 묘사되는 처녀 시절의 버트램 영부인은 품행지침서에 권장하는 여성의 덕목을 충실히 갖춘 여성이었을 것이다.

자신의 욕망은 억압하고 그 욕망 없음으로 남성 욕망의 바람직한 대상이 된 여성들의 삶은 예측 가능하게도 권태로울 수밖에 없다. 자신의 인생에서 기대되는 단 하나의 성취를 성공적으로 완수한 버트램 영

6 김진아, 「품행 지침서에 나타난 여성의 몸: 『젊은 여성에게 주는 설교』와 『딸에게 주는 아버지의 유산』」, 『근대영미소설학회』, 18권 3호, 82쪽에서 재인용.

부인에게 인생은 더 이상 성취의 공간이 아닌 소일이나 하며 보내야 하
는 광대한 양의 시간일 뿐이다. 품행지침서를 비롯한 당대의 주류 담론
은 여성들의 이러한 권태를 삶의 일상적 상태로 규범화하고 이 상태에
서 자칫하면 찾아올 수 있는 '불순한 욕망'을 경계하기 위해 독서, 대화,
바느질, 그림 그리기, 친구와 교류를 통해 자신을 바쁘게 만들 것을 권
고한다. 단, 노동을 해야 살아갈 수 있는 하층계급의 여성과 구별하기
위해 진정한 의미의 '일'이 아닌 무용한 일을 하면서 시간을 보내야 한
다. 매일 자신의 성취를 복기하듯 아름답게 차려 입고 응접실의 소파에
앉아 실용적으로나 예술적으로나 별 가치가 없는 자수를 놓거나 애완
견을 돌보며 시간을 보내는 버트램 영부인의 모습은 당대의 그러한 규
범과 그 규범에 충실한 여성들의 풍자적 재현으로 보인다.

3. 먼지처럼 쌓이는 권태

작가의 의도도 분명하고 독자의 눈에도 버트램 영부인의 생활은 의심
할 여지없이 단조로워 보이지만 정작 그녀 자신은 '지루하다'거나 그
에 따른 불만을 토로하지 않는다. 그러나 스벤젠이 『지루함의 철학』에
서 지적하듯 "지루함에 빠져 있으면서도 정작 자신은 그 사실을 제대
로 알지 못한다는 게 얼마든지 가능"[7]하다. 그녀에게 지루함은 장녀 마
리아와 헨리의 야반도주나 장남 톰의 병처럼 어느 날 갑자기 들이닥친
재앙이 아닌 마치 일상의 먼지와 같이 매일매일 쌓이는 종류의 것이다.
그렇다고 해서 그것의 파괴력을 과소평가할 수는 없다. 조르주 베르나
노스Georges Bernanos가 『어느 시골 신부의 일기』Journal d'un Cure De Campagne』

---

7   라르스 스벤젠, 앞의 책, 26쪽.

128

에서 언급하듯 일상의 지루함은 소리 없이 쌓여 우리를 매몰시킨다.

물론 그 사실을 분명하게 깨닫기 위해서는 얼마간이라도 정신을 가다듬어야만 한다. 그냥 금방 파악되는 게 아니다. 그건 마치 먼지와도 같다. 사람들이 오가는 동안에는 눈에 보이지 않지만, 숨으로 들이마시고 또 먹고 마시기도 한다. 그렇지만 먼지는 워낙 작고 가늘고 곱기 때문에 이 사이에 끼는 일도 없고, 또 이에 부딪혀 소리 내는 일도 없다. 그러나 잠시만 멈추어 서 있노라면 얼굴이며 두 손이 켜켜이 먼지로 덮이게 된다. 이 재의 비와도 같은 걸 털어 내기 위해서는 끊임없이 움직여야만 한다. 그렇기 때문에 이 세상은 그렇듯 늘 부산한 것이다.[8]

버트램 경이 안티구아의 농장을 돌보기 위해 집을 비운 동안 버트램 영부인이 소파에서 꾸벅꾸벅 잠든 모습을 보고 아들들은 걱정과는 거리가 먼 "건강과 부와 안락과 평온을 고루 갖춘, 그림으로 그린 듯한 자태"[9]라고 웃지만, 남편의 부재가 아무런 영향을 미치지 못할 정도로 권태가 이미 그녀의 삶에 스며든 모습이기도 하다. 그녀가 일시적이나마 이러한 권태에서 깨어나는 것은 흔치 않은 기쁜 일이나 충격적인 사건이 일어날 때다. 버트램 경이 예고 없이 안티구아에서 돌아오자 그녀는 "가슴이 뜨거워져 근 20년 동안 일찍이 느껴본 적이 없는 흥분"을 느끼고, 자신이 남편의 부재를 견디기 힘들어했다고 상상한다. 오스틴은 풍자적 어조로, 그녀가 "만약 남편이 조금만 더 오래 집을 비웠다면 자신은 도저히 살 수 없었을 거라는" 사실과는 전혀 상반되는 생각까지 하

8   같은 책, 25~26쪽 재인용
9   제인 오스틴, 앞의 책, 210쪽.

기에 이르렀다고 말한다. 딸 마리아의 파국이나, 장남 톰의 생사를 오가는 병도 그녀가 누리는 삶의 평온함을 위협하며 그녀를 일상의 권태로부터 끄집어낸다. 그러나 이런 위기를 통해 자신의 인생에 대한 반성과 새로운 각성에 이르는 버트램 경과 달리, 그녀는 자신의 인생을 되돌아봄도 없이 새로운 삶에 대한 다짐도 없이 처음 같은 모습으로 응접실 소파의 푹신함으로 되돌아간다. 포츠머스의 부모님 집에 머물다 돌아온 패니를 맞이한 그녀의 첫마디는 그녀의 관심사를 단적으로 보여준다. "어서 오렴, 사랑하는 패니! 이제 나도 마음이 편안해지겠구나."[10]

심장이 두근거리고 은밀한 시선이 교환되며 사랑의 환희와 실연의 아픔이 교차하는 응접실 한 편에서 강아지를 품에 안고 꾸벅꾸벅 졸고 있는 그녀의 모습은 사랑의 열병을 앓든지 아니면 결혼 시장에서 최대한 수지맞는 거래를 하기 위해 냉정한 계산을 하든지 간에 이 백일몽 혹은 헛소동이 끝난 이후에 오래 지속될 여성의 삶을 예언처럼 보여준다. 더욱 우울한 것은 3천 파운드는 더 있어야 균형이 맞는다고 할 정도로 '남는' 결혼을 했는데 그러하다는 것이다.

스벤젠에 따르면 보통 인간은 하고 싶은 일을 할 수 없거나 하고 싶지 않은 일을 억지로 해야만 할 때 지루함을 느낀다. 그런데 이러한 지루함을 넘어 "스스로 하고 싶은 게 무언지 모르"고 "삶에서 방향을 잡아 나아갈 능력을 상실"했을 때에는 어떻게 손도 써볼 수 없는 깊디깊은 지루함에 빠지게 된다.[11] 나는 어떤 사람인지, 무엇을 좋아하고, 무엇을 잘하는지, 인생에서 이루고 싶은 것은 무엇인지 등 나의 욕망[12]에 귀 기울이지 않고 사회의 규범이 가리키는 것을 좇아온 삶의 종착역이다. 그렇다면 순간의 욕망에 몸을 맡기는 것은 어떠할까? 미모

10   같은 책, 318쪽.
11   라르스 스벤젠, 앞의 책, 34쪽.

와 훌륭한 집안을 수단으로 연 1만 2천 파운드의 수입과 거대한 저택을 소유한 러시워스와 결혼했으나 헨리 크로퍼드의 유혹에 몸을 맡기는 큰딸 마리아처럼 말이다. 집안과 사교계에서 쫓겨나 노리스 이모와 평생을 지내게 되는 마리아의 운명은 자신에 대한 정확한 이해와 성찰 없는 찰나적인 쾌락의 추구는 지루한 삶에 대한 탈출구가 될 수 없음을 보여준다. 버트램 영부인의 처녀적 이름이 큰딸의 이름과 같은 마리아임을 고려하면 두 마리아가 보여주는 권태와 쾌락의 대조되는 인생 여정은 동전의 양면으로서, 결국은 지루함으로 귀결되는 이 시대 여성들의 궁지를 암시한다.

4. 이름이 없는 문제

한 세기 반이 지난 후인 1960년대 대서양 건너 미국에서 세 아이의 엄마이자 프리랜서 저널리스트로 일하고 있던 베티 프리던은 오랜 역사를 지니고 있지만 "이름이 없는 문제", 즉 중산층 여성들이 느끼는 권태에 주목했다. 명문 여대인 스미스칼리지를 졸업한 그녀는 졸업한 지 15년이 지난 후, 동문 150명에게 설문지를 보내 삶의 근황과 만족도를 물었다. 동문들 대부분은 전업주부로서 교외에 자기 집과 자동차를 소유하고 남편 뒷바라지를 하며 아이들을 키우는 생활을 한다. 할 일이

12 지금 내가 바라는 것이 정말 나의 욕망인지를 구별하기는 쉽지 않다. 언제나 이미 사회적 규범, 즉 타자의 욕망이 덧입혀져 있기 때문이다. 바쁜 직장 생활을 하는 동안 언제나 '코타키나발루' 섬에 가보는 것이 간절한 소원이었는데, 막상 꿈꾸던 그곳에 가서 "가자마자 섬을 다 뒤지고 다니고 음식은 죄다 먹어보고. 그렇게 딱 이틀을 지내니까 큰 의미가 없더라. 내가 정말 원했던 곳에 가보니까 알게 되었다. 내 욕망이 가짜였다는 걸"이라는 한 여성의 고백은 죽기 전에 하고 싶은 일인 버킷리스트의 품목들조차도 우리가 정말 하고 싶어 하는 일인가를 묻게 만든다.

없는 것은 아니다. 1972년도에 발간되어 1975년과 2004년에 영화로도 만들어진 『스텝포드 와이브즈Stepford Wives』에서 풍자적으로 보여주듯, 남편을 위해 이런저런 요리법을 시도해보고 철마다 집안의 인테리어를 바꾸며 아이들을 돌보느라 분주하다. 별로 불평할 것 없는 윤택한 삶의 조건이고 평온한 날의 연속인데, 설문지 속의 그녀들은 왠지 모를 공허감과 권태를 호소한다. 그녀들의 고민을 분석하고 고찰한 『여성의 신비』에서 프리던은 사회적으로 강요된 주부로서의 역할과 모성 신화에서 그 원인을 찾는다. '여자는 약하나 어머니는 강하다'라는 고전의 문구에서부터 '세상에 태어나 가장 잘한 일이 아이를 낳은 것'이라고 말하는 유명인사라든지, 가정에 좀더 충실하기 위해 펩시콜라의 북미지역 CEO직을 사퇴한 브렌다 반스Brenda Barnes 등은 그러한 신화를 지지하고 강화시키는 예들이다. 프리던은 문제에 대한 해결책으로 여성의 다양한 욕망 충족과 자아실현을 위해 남성과 동등한 사회 진출을 주장하며, 절대화되고 신비화된 '모성'에 대하여 여성의 '선택할 수 있는 권리'를 강조한다. 그 연장선상에서 여성의 민권으로서 낙태의 권리가 논의되었다. 『맨스필드 파크』이후 100년이 지난 20세기 초에는 선거권으로 대표되는 법적, 제도적 평등이 페미니즘의 주요 이슈였다면, 다시 50년이 지난 후 『여성의 신비』는 여성들이 일상에서 느끼는 차별과 공허감을 페미니즘의 주요 의제로 채택한다. 페르난도 페소아의 표현에 따르면 "시달림 없는 부대낌, 의지 없는 추구, 이유 없는 생각"[13]에 빠져 있던 "눈에 띄지 않고 흥미롭지도 않은" 수많은 필부匹婦가 바로 자신의 문제를 지적하는 프리던의 고찰에 열렬히 화답했다. 첫 번째 물결에 이은 페미니즘 두 번째 물결의 시작이었다.

프리던이 "이름 없는 문제"를 지적한 지 다시 50년이 지나 태평양

---

13   같은 책, 34쪽에서 재인용.

건너 한국에서 '취집'을 고민하는 여대생들은 200년 전의 버트램 영부인과 얼마나 다른가? 치열한 직업 전선에서 해방시켜줄 '취집'의 길도 결코 쉽지 않다. 당시 영국의 제국주의적 해외 진출로 적당한 신랑감이 귀했던 것처럼, 신자유주의가 초래한 양극화가 심화되는 한국 사회에서 여성의 안락을 보장해줄 능력 있는 남성도 희소해졌기 때문이다. 그들의 눈에 들기 위해서는 '부드러움'과 '정숙함'에 필적하는 '동안'과 'S라인', '애교' 혹은 '에지edge', 더불어 남자가 제공하는 집을 채울 수 있는 혼수가 있어야 한다. 200년 전에는 이 길만이 여성에게 허락된 유일한 길이었기에 대오에 분열이 없었으나, 지금은 '맞벌이'를 원하는 남성들의 부담스러워하는 시선도 견뎌야 하고 '된장녀'라는 경멸조의 빈정거림도 들어야 한다.

'취직'을 선택한 여성들의 삶은 행복하고 의미로 충만할 것이고, '취집'을 선택한 여성들의 삶은 결국은 권태롭고 무의미해질 것이라는 이분법적 예언은 사실도 아니고 이 글의 요점도 아니다. 다만 200년 전 영국 여성들의 삶과 50년 전 베티 프리던이 『여성의 신비』에서 고찰한 미국 여성들의 삶이 보여주듯, 자신에 대한 정확한 이해와 욕망에 대한 들여다봄 없이 살아가는 여성의 삶은 많은 경우 권태를 그 귀결점으로 한다. 유감스럽게도 이는 많은 것이 변한 21세기 한국 사회 여성의 삶에도 적용된다.

권태와 폭력성에 관한 연구

황은주

1. 권태는 어떤 감정인가

미국 남북전쟁이 끝난 직후인 1865~1866년 겨울 남북전쟁에 참전했던 여섯 명의 젊은이들이 테네시 주 남부의 작은 마을인 펄래스키Pulaski에서 모임을 가졌다. 치열한 남북전쟁이 끝난 직후의 평화는 이들에게 매우 지루하게 느껴졌다. 특히 긴긴 겨울밤은 전쟁터를 누비고 다녔으며 여전히 전쟁이 주는 흥분을 잊지 못한 혈기왕성한 젊은이들에게는 더욱 견디기 힘든 지루한 경험이었을 것이다. 이들은 지루함을 달래기 위해 특별한 모임을 만들었다. 이 여섯 명의 멤버 중 하나인 제임스 크로우는 이들 모임의 목적을 "단순히 즐기고, 장난치고, 사람들을 골려주는 것have fun, make mischief, and play pranks on the public"[1]이라고 했다. 이들은 멤버 가운데 한 명의 집에서 뜯어온 오래된 침대 시트로 회원들의 복장을 만들고 이웃들에게 짓궂은 장난을 하기 시작했다. 이들은 주로 남북전쟁의 결과로 자유를 얻은 흑인들을 권태를 날려버리기 위한 대상으로 삼았다. 단순히 심심함을 달래기 위해 시작된 이들 모임의 이름은 KKK(Ku Klux Klan)이다. 현재 폭력과 테러를 대표하는 대명사가 된 KKK도 권태를 해소하기 위한 시도에서 시작되어 곧 살인, 강간, 폭행

---

1   Wyn Craig Wade, *Fiery Cross: The Ku Klux Klan in America*, New York: Oxford University Press, 1987, p. 34.

등으로 발전했듯이 권태가 폭력으로 이어지는 것은 전혀 새로운 일이 아니다. 필자는 본 연구를 통해 권태가 범죄를 비롯한 다양한 성격의 폭력성으로 발전하는 모습을 보이고, 권태가 폭력으로 발전하게 된 원인을 현대 레저문화의 문제점과 폭력과 권태에 내포된 정치학에서 찾고자 한다.

　본 연구를 시작하자마자 우리말에 '잠시 동안의 불편함을 주는' 심심함, 지루함은 있는데 만성적인 지루함 또는 권태 때문에 분노를 일으키는 감정에 대한 단어가 없다는 걸 깨달았다. 본 연구를 하면서 염두에 둔 감정은 심심함도, 권태로움도, 지겨움도, 지루함도 아니다. 필자가 표현하고자 하는 감정은 심심하다 못해 결국 짜증나고 이런 상황을 맞게 된 자신의 환경에 분노하는 그런 감정이다. 즉 심심함, 지루함, 권태, 지겨움, 질림, 분노, 짜증, 노여움이 합쳐진 감정이다. 예를 들어 청년 실업자가 오랫동안 심심함을 느끼다가 결국 백수 생활을 하게 된 자신에게 화가 나고, 자신을 이렇게 만든 사회에 분노하게 되는 짜증이다. 또는 반복되는 회사일에 지치고 지쳐 결국 직장 상사에게 화풀이를 하는, 즉 지치다 못해 화가 치미는 감정이다. 본 연구를 하면서 염두에 둔 감정은 영어의 boredom보다는 프랑스어의 ennui이다. 우리말 표현에서 권태보다는 '질리다' 또는 '지긋지긋하다'가 정확한 듯하나 명사형을 사용하는 것이 어색해 여기서는 그냥 권태를 사용하기로 한다.

　영어에서는 19세기 boredom이라는 단어가 처음 사용될 무렵, 당시에는 프랑스어 ennui가 널리 쓰였는데 이는 영어의 annoy에 해당하는 말이다. ennui의 어원은 라틴어 inodiare로 '증오심을 갖다'라는 뜻을 가진 단어다. 따라서 권태라는 단어는 원래부터 증오심과 매우 밀접한 관계를 맺고 있으며 나아가 폭력과도 연결될 수 있는 가능성을 갖고 있었다. 본 연구에서 다루는 권태는 단순히 심심하거나 게으른 상태가 아니라 무의미한 것이 반복되어 지루한 상태 또는 희망이 보이지 않고 목표 의식도 없어 지긋지긋함을 느끼는 상태를 포괄하는 권태다.

따라서 본 연구에서 다루는 권태는 게으른 상태가 아니라 매우 바쁜 현대인의 일상에서 나타날 수 있는 지긋지긋한 상태, 반복에 질린 상태로 필연적으로 세상에 대한 증오를 내포한다. 이러한 의미의 권태는 조지 엘리엇의 소설『대니얼 데론다』의 등장인물인 그웬돌린이 관찰한 내용과 유사하다.

> 우리는 가능한 한 가장 아름답게 보이도록 그리고 불평도 하지 않고 둔감하도록 마치 꽃과 같이 길러졌어. 이것이 바로 내가 식물에 대해 갖고 있는 생각이기도 해. 식물들은 종종 지루함을 느끼고, 그렇기 때문에 몇몇 식물들은 독을 품게 되지.[2]

2. 폭력의 일상화

겐리치 L. 크라스코의 조사에 따르면 미국의 청소년들이 고등학생 정도의 나이가 되면 3만 3천 번의 살인과 20만 번의 기타 폭력행위를 텔레비전을 통해 접하게 된다고 한다.[3] 인간의 역사를 통해 즐거움을 주는 폭력은 늘 존재했다. 예를 들어 로마시대의 검투사나 중세시대의 마녀재판은 권태에 지친 당시의 대중에게 볼거리를 선사했다. 하지만 20세기 들어 미디어가 발달하면서 대중매체는 검투사, 마녀재판 등이 제공했던 폭력성을 매일같이 시청자에게 보여주면서 폭력을 일상화하고 있다. 20세기를 지나 특히 인터넷, 모바일폰 등 다양한 디지털 미디

---

2   George Eliot, *Daniel Deronda*, 1876; reprint, NewYork, Penguin, 1995. p. 135.
3   Krasko, Genrich L., *This Unbearable Boredom of Being: A Crisis of Meaning in America*, Lincoln, NE, IUniverse, 2004, p. 122.

어가 발달한 지금은 폭력이 너무나 만연해 있어 폭력을 폭력으로 인식하지조차 못하는 지경에 이르렀다. 영국의 SF작가 J. G. 발라드가 그의 1998년 소설 『코카인 나이츠』의 주인공을 통해 "가장 궁극적으로 범죄가 기반이 된 사회는 모두가 범죄자이고 아무도 그 사실을 눈치채지 못하는 사회다"[4]라고 말한 것은 주목할 만하다.

그동안 범죄의 원인으로 권태가 중요하게 다루어지지 않았지만 권태는 더 이상 무시할 수 없는 범죄의 중요한 원인이 되고 있다. 크레이그 웨버는 런던 서부지역에 사는 소수인종 청소년들의 범죄를 다루면서, 이들이 다른 원인보다도 권태를 해소하고 흥분감buzz을 느끼기 위해 범죄를 저지른다고 주장한다.[5] 웨버는 피해자와 어떠한 정치적인 관계나 경제적인 원인 없이 단지 스릴을 느끼려고 모르는 사람에게 폭력을 행사하거나 주변 사람들로부터 두려운 인물로 평가받고자 범죄를 저지르는 소년들의 사례를 보여준다. 웨버는 "배경, 전경, 전시: 문화범죄학의 삼차원적 특성?"에서 14~16세 사이의 폭력 그룹에 대한 연구결과를 보여준다. 그중 리더인 잭 케인이라는 소년과의 인터뷰 내용을 보면 잭이 범죄대상을 물색하는 데에 어떠한 이해 관계없이 단지 권태를 피하고 흥분감을 느끼기 위해, 또는 또래 친구들에게 대단한 사람이라는 평가를 받기 위해 별다른 죄책감 없이 일명 '묻지마 범죄'를 저지르는 것을 알 수 있다. 웨버가 잭에게 친구를 자주 만나는지를 묻는 질문으로 시작하는 인터뷰 내용을 살펴보자.

잭: 그냥 싸움이 있을 때만 만나요. 아니면 싸움 비슷한 게 있으면

4   J. G. Ballard, *Cocaine Nights*, London, Flamingo, 1996, p. 304.
5   Craig Webber, "Background, Foreground, Foresight: The Third Dimension of Cultural Criminology?", *Crime, Media, Culture vol 3. Los Angeles*, Sage Publications, 2007, pp. 139~157.

만나요.

웨버: 너희 그룹에 대해서 묘사해볼래?

잭: 그냥 문젯거리를 찾는 무리예요.

웨버: 실제로 싸움거리를 찾으려고 밖에 나가니?

잭: 예전에는 그랬어요, 네. 하지만 요즘 좀 잠잠해졌어요.

웨버: 싸움거리를 찾으려고 밖에 나가면 싸움을 진짜 하니?

잭: 네, 항상요. 우리가 싸움거리를 찾을 때마다 꼭 싸움을 하게
되죠.

웨버: 누군가를 찍어서 고르니?

잭: 네.

웨버: 어떤 애들을 고르니?

잭: 술집 같은 데서 나오는 우리 또래보다 나이 많은 사람을 골
라요.

웨버: 정말? 보통은 몇 살 정도니?

잭: 25세에서 35세 정도요.

웨버: 그러면 너희는 몇 명이나 있니?

잭: 60명 정도요.

웨버: 60명이 한 번씩 때린다는 말이니?

잭: 그중 몇 명은 도망 못 가게 주변에 서 있거나 그래요. 나머지
는 공격도 하고, 두들겨 패기도 하고 그래요.

웨버: 왜 너희보다 나이 많은 사람들을 고르니?

잭: 내 친구들은 안 그러는데, 저는 그래요. 저는 누군가를 다치게
하려는 게 아니에요. 저는 그냥, 대단한 사람으로 보이고 싶어요.
하지만 항상 마지막에는 누군가를 꼭 다치게 하죠.

(……)

웨버: 문제를 일으키는 것에 대해 죄책감이 들긴 하니?

잭: 네, 제가 하고 있는 것에 대해 죄책감이 들기도 해요. 하지만

138

그건 제 머릿속에서 10퍼센트밖에 안 돼요. 나머지 90퍼센트는 흥분감이에요.[6]

콘래드 로렌츠Konrad Lorenz 등의 생물학자들은 인간을 포함한 동물들은 본능적으로 폭력성을 갖고 있다고 주장한다. 인간이 본능적으로 폭력성을 지녔다면 인간이 어느 정도 '통제 가능한 폭력이나 위험'에 노출이 되는 것이 오히려 건강하다는 결론을 내릴 수 있다. 생화학적으로 말하자면 신경전달물질인 도파민, 세로토닌, 노르에피네프린이 강한 자극을 좇는 위험한 행동, 즉 익스트림 스포츠나 혹은 폭력에 대한 반응에 관여한다고 알려져 있다. 이러한 신경전달물질은 권태를 즉각적으로 해소해줄 수 있기 때문에 권태의 해소를 위해 폭력이 이용되는 것은 놀랄 일이 아니다. 라르스 스벤젠은『두려움의 철학』에서 두려움을 느끼는 것이 권태를 해소하거나 부분적으로 권태 정도를 경감시킬 수 있다고 주장한다. 따라서 스벤젠은 공포영화를 보거나 두려움을 자아내는 컴퓨터게임을 하는 것이 위험을 즐길 수 있는 안전한 방법이 된다고 한다.[7] 스벤젠은 공포에 대해 말하지만 그의 주장은 폭력성에도 그대로 적용된다. 따라서 통제 가능한 상황에서 적절한 수준의 폭력성을 스포츠 등을 통해 간접적으로 경험하는 것은 권태를 몰아내고 더 심각한 폭력을 예방하는 방법이 될 수도 있다. 다만, 여기에서 주의해야 할 것은 통제 가능한 폭력이며 적절한 수준의 폭력이라는 전제다.

영국의 작가 J. G. 발라드는 일부 작품을 제외하고 모든 작품에서 폭력을 소재로 다루고 있다. 1970년 작품『잔학성의 전시The Atrocity Exhibition』를 다룬 인터뷰에서 그는 폭력에 대한 자신의 생각을 드러낸다.

6   같은 책, pp. 150~151.
7   Lars Svendsen, *A Philosophy of Fear*, London, ReaktionBooks, 2008, pp. 76.

우리들 대부분은 폭력이라는 것이 어떠한 형태든지 전적으로 부
정적이라는 견해를 가지고 있을 것이다. 나는 폭력(아마도 특정
한 종류의 폭력, 특히나 텔레비전이나 뉴스 매거진 등의 커뮤니
케이션 미디어를 통해 나타나는 폭력만이겠지만)이 이로운 역할
을 하고 있다고 생각한다. 이것은 베트남전쟁의 끔찍한 경험으로
볼 때, 베트남전쟁도 유익한 그 어떤 역할을 할지도 모른다는 말
하기 어려운 아이러니다. 그 유익한 역할이 무엇인지는 나도 모른
다. 나는 이 책『잔학성의 전시』를 통해 그것이 무엇인지 약간은
보여주고자 했다.[8]

이후 발라드는 그의 2000년 소설『수퍼-칸』에서 긍정적인 역할을 하는
폭력성을 더 노골적으로 보여준다. 이 소설은 다국적 대기업이 있는 최
첨단 비즈니스 콤플렉스인 '수퍼-칸'에서 일어나는 폭력 사건 등을 다
루는 작품으로 배경이 되는 수퍼-칸은 낮에는 매우 평화롭고 최고의
지식인들이 일하는 등 매우 현대적이며 쾌적한 작업환경을 자랑하지만
밤이 되면 폭력, 강간, 절도 등이 끊이지 않는 곳이다. 수퍼-칸의 문제
를 파헤치던 주인공 그린우드Greenwood는 수퍼-칸에서 일하는 심리치료
사 펜로즈Penrose가 자신을 찾아온 환자들에게 폭력을 처방하고 있음을
알게 된다. 수퍼-칸을 "뱀이 없는 에덴동산"[9]이라고 생각하는 펜로즈는
모든 것이 완벽하게 갖추어진 엘리트 계층과 그들이 일하는 최첨단 비
즈니스 콤플렉스에 결여된 그 무엇 하나, 즉 지식노동자들에게 부족한
한 가지가 바로 폭력성이라고 믿고 자신의 환자들에게 폭력을 행사할
것을 요구한다. 1973년 인터뷰에서 폭력의 역할에 대해 잘 모르지만 긍

8   타시스와 발라드의 1973년 인터뷰 중에서.
9   J. G. Ballard, *Super-Cannes*, London, Flamingo, 2000, p. 258.

정적인 무엇이 있을 것 같다고 답한 작가 발라드는 2000년 『수퍼-칸』을 통해 그 답을 제시하고자 했다. 폭력은 권태를 몰아낸다는 사실이다.

에리히 프롬은 이미 1970년대에 사람들이 권태를 잊기 위해 마약과 폭력에 빠지는 것에 대해 경고를 했다. 인간의 파괴적이고 부정적인 성향을 도덕적인 관점에서 다루고 있는 그의 저서 『인간 파괴성의 해부』에서 폭력은 흥분을 유발하여 권태를 해소하는 가장 빠른 방법이기 때문에 대중들은 영화나 텔레비전을 통해 폭력을 원하게 되는 것이라고 한다. 하지만 프롬은 권태 해소 방법으로 사용되는 폭력이 어떠한 내적인 또는 정신적인 활동을 요구하지 않는다는 점을 큰 문제점으로 지적한다. 발라드가 미디어를 통한 간접적인 폭력에 대해 긍정적으로 평가하는 반면, 에리히 프롬은 폭력을 수동적으로 즐기는 것이나 사디즘적인 또는 매우 파괴적인 행동으로 적극적인 잔인성을 보이는 것이나 "양적인 차이만 있지 별다를 바가 없다"고 경고한다.[10] 프롬은 권태에 빠진 사람은 종종 "미니 콜로세움mini-Colosseum"을 만든다고 주장한다. 과거 로마시대에 온갖 잔학성을 경기장 위에서 펼쳐놓았듯이 권태에 빠진 사람 역시 마음속에 미니 콜로세움을 만들어 자신만의 잔학성을 행사하려고 한다는 것이다. 프롬이 폭력을 내적 또는 정신적 활동을 요구하지 않는 특성 때문에 부정적으로 묘사하는 것에 이의를 제기하기는 힘들다. 하지만 프롬은 폭력을 수동적으로 즐기는 것과 적극적으로 즐기는 것 사이에는 "양적인 차이"만 있을 뿐 결국은 같은 것이라고 주장하는데, 이러한 양적인 차이는 쉽게 지나칠 수 있는 것이 아니다. 다른 동물들이 생존 본능으로 폭력성을 갖고 태어나는 것처럼 인간에게도 폭력이 매우 자연스러운 본능이라면, 문화가 발달할수록 폭력을

10 Erich Fromm, *The Anatomy of Human Destructiveness*, New York, Henry Holt, 1973, p. 278.

경험할 기회를 적게 갖는 것은 큰 문제가 될 것이다. 문화는 폭력에 대한 억압이라는 방향으로 발전해왔기 때문에 문화가 발달한 곳일수록 사회 전반에 폭력의 양은 줄어들고 대신 권태의 양이 증가한다. 따라서 현대인들에게 적절한 양의 폭력을 경험하게 하는 것은 본능을 충족시키고 권태를 해소할 수 있는 방법이다. 하지만 할리우드 영화나 컴퓨터게임 등에서 볼 수 있듯이 각종 폭력이 지나치게 난무할 때, 이는 폭력으로 인식조차 되지 못해 오히려 더 강한 수준의 폭력을 원하게 되는 악순환이 거듭된다. 따라서 통제 가능한 적절한 수준의 폭력의 양이라는 것은 권태를 비롯한 다른 문제에 대해 매우 중요하면서도 어려운 해법이다.

3. 수동적 레저문화의 문제점과 내적자원의 결핍

저명한 미국의 경제학자였던 티보 스키토프스키Tibor Scitovsky는 1999년 "권태-쉽게 지나쳐버린 질병Boredom-An Overlooked Disease?"이라는 글에서 콜럼바인 고등학교 학살사건Columbine High School massacre과 헤리티지 고등학교 총기사건Heritage High School shooting을 예로 들면서, 이 두 비극의 궁극적인 원인을 권태에서 찾았다. 콜럼바인 고등학교 학살사건은 콜로라도주의 제퍼슨 카운티에서 일어난 사건으로, 이 학교의 학생인 에릭 해리스Eric Harris와 딜런 클레볼드Dylan Klebold가 영화 〈매트릭스〉와 1995년 레오나도 디카프리오 주연의 영화 〈바스켓볼 다이어리〉를 모방하여 검은 외투 안에 총기를 숨기고 학교에 들어와 총을 쏴 13명의 사망자(학생 12명, 교사 1명)와 24명의 부상자를 내고 자살한 사건이다. 콜럼바인 사건이 일어난 지 한 달 뒤 유사한 총기사건이 헤리티지 고등학교에서 일어났다. 이 학교의 학생인 토머스 솔로몬 주니어Thomas Solomon Jr.가 6명의 학생을 총으로 쏴 부상자를 낸 것이다. 스키토프스키는 유사한 두

학교의 비극을 통해서 권태와 폭력성의 연관관계를 찾는다. 그는 권태를 배고픔에 비교하며 권태 충족을 인간의 기본적인 필요성 중의 하나로 꼽는다. 배고픔에 지친 사람들이 배고픔을 달래기 위해 강압적인 방법으로 음식이나 돈을 훔칠 수 있듯이, 권태에 지친 사람들은 즐거움을 구하고 정신을 몰두할 수 있게 만드는 것을 찾는 데 폭력을 사용할 수 있다. 스키토프스키의 주장에 따르면 배고픔과 권태의 가장 큰 차이는 배고픔이 음식으로 쉽게 해소될 수 있는데 반해, 대부분의 평화로운 권태 해소 방법은 음악이나 미술 등과 같이 배우는 데 특별한 기술을 요한다는 것이다. 반달리즘, 살인, 또는 다른 형태의 폭력을 행사하는 것은 특별한 기술을 요하지 않으며 쉽게 권태를 해소할 수 있는 방법이기 때문에 사람들은 권태로울 때 쉽게 폭력을 행사한다. 스키토프스키는 아이들이 놀이를 할 수 없거나 가지고 놀 수 있는 장난감이 없을 때 폭력적이 되거나 소리를 지르거나 혹은 위험한 장난을 하는 것을 언급하면서, 권태를 해소할 수 있는 통제 가능하고 유익한 활동을 가르치는 것이 교육의 매우 중요한 기능이라고 덧붙인다.

권태와 학습 성취감이라는 주제는 최근 들어 많은 주목을 받기 시작했다. 이러한 가운데 2009년 1월 5일자 영국 〈가디언The Guardian〉지는 흥미로운 기사를 발표했다. 이 기사는 영국 교육기준청Ofsted, The Office for Standards in Education의 학교시찰단장 크리스틴 길버트Christine Gilbert가 발표한 내용이었다. 길버트는 학생들이 수업중에 충분한 자극을 경험하지 못하기 때문에 행동이 점점 나빠지는 점을 주목하고, 지루한 교사를 엄중하게 단속하기로 했다고 발표했다. 새로운 형태의 감사를 하기로 한 교육기준청의 결정이 있자 수많은 교사가 반발했다. 수학 등의 특정 과목은 본래 다른 인기 과목보다 지루할 수밖에 없고 지루한 교사를 찾을 방법도 모호하다는 지적이 있는 등 많은 문제점을 낳았지만, 교육기준청의 이러한 결정은 권태를 학생들의 행동에 영향을 줄 수 있는 주요 원인으로 보게 되었다는 데 그 의의가 있다.

권태를 해소하는 데 어려운 문제는 권태를 해소해야 할 여가 생활이 오히려 권태의 양을 증가시킨다는 점이다. 필자는 그 원인을 레저가 엔터테인먼트로 변질되었기 때문이라고 본다. 서구사회에서는 산업혁명 이후 일과 레저가 분리되기 시작했다. 우리 나라도 마찬가지로 산업화가 가속화되면서 노동과 놀이가 철저하게 분리되었다. 리처드 윈터는 산업혁명 이전에는 일과 레저가 혼합된 형태로 존재했으며 일을 하면서 노래를 부르거나 재밌는 이야기를 들려주거나 또는 이야기를 들었던 것을 지적한다. 전통사회에서는 춤 역시 일을 하면서 같이 이루어지는 형태였다. 이러한 사회에서는 각자 다룰 줄 아는 악기가 있거나 노래를 하거나 춤을 추거나 하는 예술 활동이 생활 속에 녹아들어 있었다. 하지만 산업혁명 이후 일과 레저가 분리되면서 일을 하는 동시에 직접 참여하여 즐길 수 있었던 레저는 단순히 구경하는 수동적인 엔터테인먼트로 대체가 되기 시작했다. 마이클 캐먼Michael Kammen 교수의 연구에 따르면 1900년대 초까지만 하더라도 많은 사람이 악기를 직접 다룰 줄 알았고 여가 시간에 이러한 음악 활동에 참여하고 상호 교류하는 레저 형태가 존재했다고 한다. 캐먼 교수는 1920년대만 하더라도 악보산업이 매우 활발하여 직접 연주를 하는 것이 드물지 않았으나 점점 레코딩을 하면서 악보산업이 사양을 걷게 됐음을 지적한다.[11]

이와 유사하게 미국의 작가이자 비평가인 웬델 베리Wendell Berry도 예전에는 잠자리에 들기 전까지 함께 앉아 있는sitting till bedtime 관습이 있었음을 예로 들며, 현대에 와서 미리 만들어져 제공되는 레저문화에 대해 비판한다. 그에 따르면 예전에는 저녁 식사 후 따뜻한 불이 있는 거실에 모든 가족 구성원이 둘러앉아 서로에게 자신이 겪은 일이나 또는

---

11   Richard Winter, *Still Boredina Culture of Entertainment*, Downers Groove, IL, Inter
Varsity Press, 2002, pp.34.

자신이 알고 있는 재미있는 이야기를 들려주며 서로에게 즐거움을 제공했다. 베리는 현대에 와서 사람들이 자신의 이야기를 털어놓는 상대는 의사나 변호사, 심리치료사, 보험설계사, 또는 경찰이며 즐거움을 제공하기 위해 이웃에게는 더 이상 이야기를 들려주지 않음을 지적하며, 이제 현대인을 즐겁게 만들고자 의도된 이야기가 뉴욕이나 로스앤젤레스의 각종 상업적인 센터에서 만들어지는 것을 안타까워한다.[12]

인간의 역사에서 그동안 권태가 큰 문제로 인식이 되지 않았던 것은 개개인에게 권태의 문제를 스스로 해결할 수 있는 내적 자원이 있었기 때문이다. 그러나 스스로 오감을 사용해 능동적으로 즐기는 레저 대신 시각적인 자극과 타인의 서비스에 의존해야만 하는 엔터테인먼트가 지배하는 사회에서는 개개인에게 이러한 내적 자원이 없거나 매우 부족하다. 현대인들은 점점 권태를 해소하기 위해 내적 자원의 활용을 요구하지 않는 수동적인 해결책으로 컴퓨터게임이나, 텔레비전 시청, 알코올, 마약, 폭력 등에 의존하게 되는데 이러한 부정적인 해소법은 권태의 근본적인 문제를 건드리지 못하고 권태를 일시적으로만 잊게 하기 때문에 결과적으로는 권태의 양을 증가시킨다.

티보 스키토프스키나 리처드 윈터, 최근 들어서는 피터 투이Peter Toohey 등의 학자처럼 권태와 그로 인한 부정적인 결과를 연구한 학자들은 권태에 대한 해결책으로 음악이나 미술과 같은 예술 활동이나 운동을 제시한다. 음악 등의 예술 활동은 곧 내적인 자원을 개발 또는 획득하는 것이고, 권태에 대처할 내적 자원이 충분하다는 것은 권태를 그만큼 쉽게 이겨낼 수 있다는 것을 의미한다. 예술 활동 등의 내적 자원이 권태를 해소하기 위한 가장 긍정적이고 장기적으로 보았을 때 효과가 있는 것이라면 예술 교육이나 여가 활동이 상대적으로 제한적인 서

---

12 Richard Winter, 같은 책, pp. 35.

민층이나 저소득층의 경우 권태를 다룰 만한 내적 자원이 엘리트 계층에 비해 약하다. 따라서 권태 때문에 나타나는 문제점으로부터도 훨씬 더 취약하다는 것을 의미한다. 실제로 스키토프스키는 저소득층의 권태가 상위층의 권태보다 더 심각하다는 점을 지적하는데 이는 경제적인 여유나 시간적인 여유 또는 교육적인 배경 등 다양한 이유로 저소득층이 상위층에 비해 권태를 이겨낼 만한 다양하고 창의적인 활동을 하는 것에 한계가 있기 때문이다. 따라서 저소득층의 경우 권태를 쉽고 즉각적으로 풀기 위해 폭력이나 마약 등 정신적인 활동이나 특별한 기술을 요구하지 않는 행위에 빠지기 쉽게 된다.

4. 폭력과 지루함에 내포된 정치학

에리히 프롬은 마틴 하이데거나 버트란드 러셀 등과 같이 권태라는 주제를 심도 있게 연구한 학자들과 마찬가지로 권태를 사회의 부정적이고 파괴적인 여러 현상에 대한 원인으로 인식한다. 프롬은 사람들이 전쟁에 참가하는 여러 이유 가운데 하나로도 권태를 언급한다. 물론 그는 애국심, 소속감, 사회적 책임을 모두 망라한 후 매일의 일상에서 벌어지는 지루하고 판에 박힌 일을 끝내고자 하는 권태 해소의 욕망이 전쟁에 참가하는 원인 중의 하나라고 말한다. 목숨을 바꿀 정도로 위험한 모험이 기다리는 곳이 전쟁터이며 이러한 모험은 보통의 평범한 일상을 살아가는 사람들에게는 쉽게 경험할 수 없는 기회로 다가온다.[13] 최근 들어 북한의 위협에 관한 신문 기사에 달린 댓글을 통해 별로 변화도 없고 달리 희망도 없는 평범한 일상을 전쟁이 한 번에 바꿔

---

13   Erich Fromm, 앞의 책, pp. 241~242.

줄 것이라고 하는 사람들을 볼 수 있다.

　권태는 자아와 타자에 대한 경계를 극명하게 보여주는데 이 점에 대해 프롬은 매우 흥미로운 지적을 한다. 그는 누군가가 "우울해"라고 말하면 이는 곧 개인의 심리 상태를 가리키지만, "지루해"라고 말할 때는 내가 아닌 바깥 세상에 대해서 말하는 것임을 지적한다. 지루하다는 말은 나의 문제가 아니라 세상이 나에게 흥미롭거나 즐거운 자극을 제공하지 못한다는 뜻이기 때문이다. 또한 누군가를 '지루한 사람, 재미없는 사람'이라고 말할 때는 그 사람의 인격 자체, 또는 성격 자체에 대한 평가를 담고 있다. 누군가를 지루한 사람이라고 명명할 때는 그 사람이 오늘 재미있는 말을 하지 않았기 때문이 아니라 그 사람 자체가 지루하며 그 사람의 내부에 뭔가 생기 없고 재미없는 것이 존재한다는 뜻이다. "지루해"라고 말하는 순간 지루함을 느끼는 필자는 순간적으로 지루함을 제공하는 사람보다 정치적으로 우월해진다. 따라서 사람들은 그들이 '지루한bored'한 상태에 있음을 인정하되, 그들 스스로가 '재미없는boring' 존재라고는 잘 인정하지 않는다.[14]

　폭력을 행사하는 사람이 폭력을 행사하는 그 순간 자신의 경제적, 사회적인 계급을 떠나 폭력을 당하는 사람에 비해 물리적으로 우월한 입장에 서듯이 내가 지루함을 느끼거나 누군가를 매우 지루한 사람이라고 명명하는 순간 나의 정치적인 위치는 상대보다 우월해진다. 따라서 폭력과 권태 모두 나르시시즘과도 연결된다. 또한 권태는 자아의 존재를 지나치게 인식할 때 생겨나기 때문에 종종 권태를 겪는 사람들은 이기적이 된다. 만성적이고 병적인 권태를 겪는 사람은 자신의 권태 해소를 더 급박한 목표로 두기 때문에 자신의 권태 해소를 위해서라면 타인의 고통을 이용하는 극단적인 경우도 많이 목격할 수 있다. 따라

14　같은 책, pp. 273.

서 만성적인 권태를 극단적으로 해결하고자 할 때 사디즘으로 발전할
가능성이 있는 것이다.

5. 간과할 수 없는 장난: 폭력

앞에서 권태가 폭력과 얼마나 밀접한 관계가 있는지 그리고 권태가 왜
폭력의 원인으로 작용하는지에 대해서 엔터테인먼트문화의 문제점과
권태와 폭력이 주는 정치적인 힘을 주제로 하여 살펴보았다. 이를 통해
권태와 폭력에 관한 현상의 중요성에 밀려 과소평가된 권태와 폭력의
본질적인 면과 권태와 폭력이 기본적으로 깔린 현대문화의 문제점을
부각하고자 했다. 최근 들어 세계적으로 학교폭력이나 묻지마 범죄 등
이 기승을 부리고 있으며 국내의 경우 학교폭력 피해자들의 자살이 심
각한 사회문제로 대두되고 있다. 피해자들의 고통에 대해 가해자들은
자신들의 폭력행위가 하나같이 "장난"이었다고 답한다. 국내뿐 아니라
미국이나 영국의 경우에도 불링bullying이라고 불리는 집단따돌림 문제가
심각한 수준에 이르렀다. 특히 영국의 경우 청소년들 사이에 해피 슬래
핑happy slapping이라고 하여, 폭력 현장을 재미 삼아 휴대전화 등에 담는
것이 유행처럼 퍼져 심각한 사회문제가 되었다. 해피 슬래핑의 피해자
들은 종종 폭력으로 죽음에 이르지만 가해자들은 이를 놀이나 재미로
받아들이고 죽음에 이르는 과정을 태연히 촬영하는 것을 보면서 KKK
와 같은 극악무도한 테러 집단 역시 권태를 해소하기 위한 장난으로
시작되었음을 생각하게 만든다. 권태를 해소하기 위한 가해자들의 장
난 때문에 씻을 수 없는 상처를 받은 피해자들이나 이들의 문제가 자
살로까지 이어지는 것을 보면서 권태와 폭력에 관한 본 연구를 통해
기존의 경제적 이해관계나 증오관계가 아닌 범죄에 관한 보다 근본적
인 원인이 되는 문제들, 예를 들면 권태를 해소할 내적 자원이 없는 현

대의 청소년들, 인간관계에서 우위에 서고자 하는 인간의 본능, 권태를 양산하는 엔터테인먼트와 미디어문화 등에 관한 총체적 이해의 장을 열고자 했다. 또 본 연구를 통해 권태가 폭력의 주요 원인으로 작용할 수 있음을 밝히고자 했다.

권태로운 대중문화

송치만

1. 권태의 여유

현대인들에게 권태를 느낄 만한 여유가 있을까? 적어도 대한민국처럼 바쁘게 돌아가는 나라에서 권태로울 시간이 있을까 궁금해진다. 어린 아이들은 초등학교 때부터 학원에 투입된다. 특목고에 들어가기 위해 중학교에서 이미 입시경쟁체제를 경험한 청소년들은 고등학교에서는 본격적으로 입시전쟁을 치른다. 대학생이 되어서는 취업이라는 무거운 짐 앞에서 속수무책이 된다. 취업문을 통과한다 해도 평생직장이란 말이 사라진 지 오래된 상황에서 살아남기 위한 무한경쟁이 사람들을 다그친다. 이렇게 평생을 치열한 경쟁 속에서 몸부림치는 대한민국 사람들이 권태를 느낀다는 것은 오히려 상상하기 힘든 일이다. 먹고살기 힘든 세상에서 한가롭게 권태로운 일상을 한탄할 사람이 있겠느냐는 것이다. 그러나 그들의 삶에서 또 다른 면을 볼 수 있다.

　　오로지 앞만 보고 달리는 사람들은 옆을 바라볼 여유가 없다. 한 길만 달려가는 사람들의 생활은 단조롭다. 더불어 그러한 생활은 반복되는 경향이 있다. 그 단조로움과 반복 속에서 우리는 권태를 볼 수 있다. 정신없이 하루의 일과를 마친 사람들은 무엇을 할까? 친구를 만날 수도 있고 취미 생활을 할 수도 있다. 지친 몸을 쉬게 하고자 하는 이들도 있을 것이다. 단조로우며 반복되는 일상 속에서 사람들은 본능적으로 위안을 찾게 된다. 그 방식이 다양할 뿐이다. 다행스럽게도 일상에 지쳐 있는 대중들의 곁에는 언제나 그들의 삶을 위로하고자 하는 사람들이 존재한다. 힘들고 지친, 더군다나 재미없는 일상을 달래주는 사람들이 있다는 것은 현대인의 행운이 아닌가?

그러면 누가 이러한 막중한 일을 맡고 있는가가 궁금해진다. 이러한 역할은 현대인의 지친 삶에 한줄기 빛이 될 수 있다. 그러나 동시에 우리는 그들이 진정으로 이 일을 잘 수행하고 있는지도 궁금해진다. 이러한 일이 성공적으로 진행된다면 우리의 삶은 덜 지루하고 훨씬 윤택해질 것이다. 그러나 그들의 행위가 다른 결과를 가져온다면 어찌해야 할까? 모든 것이 순조롭게 돌아간다면 우리는 현대인의 권태를 새삼 다시 언급할 필요가 없다. 그래서 지금부터 이러한 궁금증에 답해보고자 한다. 이 문제에 직관적으로 답을 해보자면 대중매체가 바로 그 주인공이다.

매체의 급속한 발전과 더불어 그 매체들이 실어 나르는 메시지 또한 매우 다양해지고 있다. 공중파 3사에 의지하던 과거에 비해 지금은 위성방송 덕분에 외국방송도 쉽게 접할 수 있을 뿐 아니라 각종 오락 전문 방송도 많이 생겨났다. 이러한 점에서 현대인은 오락물의 홍수 속에서 산다고도 말할 수 있다. 우리의 권태로움을 달래줄 이야기가 넘쳐난다. 영화, 음악, 스포츠, 드라마, 다큐멘터리 등 거의 모든 장르의 콘텐츠가 우리를 즐겁게 해줄 준비가 되어 있다. 양적인 측면에서 부족함을 말할 수 없는 상황이다. 그렇다면 우리의 권태는 해소되고 있는 것일까?

하루 일과를 마치고 텔레비전 앞에 앉은 직장인을 상상해보자. 그는 이리저리 채널을 돌리기 일쑤고 볼 게 없다는 불평을 늘어놓기도 한다. 우리가 언급했던 수많은 프로그램을 두고 왜 이런 불평을 할까? 우리는 대중문화의 획일성을 지적할 수 있다. 대중문화의 생산자는 모험을 즐기지 않는다. 대중들은 새로운 것을 갈망하는 듯 보여도 자신의 입맛을 벗어난 것에 대해서는 강한 거부감을 느낀다. 따라서 생산자는 대중의 입맛에 맞는 콘텐츠만을 제공하게 된다. 자본이 지배하는 시장에서 모험은 도산의 위기를 초래할 수 있기 때문에 새로움을 가장한 그렇고 그런 콘텐츠가 매일 우리에게 제공되는 것이다. 그래서 대중문화는 대중의 취향을 획일화한다는 비난을 끊임없이 받는다.

그런데 현대사회의 똑똑한 대중들은 왜 그저 그런 대중문화에 대해 거부감을 느끼지 않는 것일까? 아니면 획일적인 속성을 알면서도 눈을 감아주는 것일까? 하루 일과를 마치고 집에 돌아온 현대사회의 대중들은 텔레비전 앞에 앉는다. 오늘도 어김없이 아이돌 가수들이 현란한 몸짓을 보여준다. 다양한 형태로 거의 매일 방송되는 드라마는 극단적인 삶의 모습들을 보여주기에 바쁘다. "또 아이돌이야?" "아이고 지긋지긋한 막장 드라마!" 한숨을 내뱉는다. 그러면서도 대중들은 텔레비전 앞에 붙들려 상당한 시간을 보낸다. 내용이야 어찌 되었든 간에 지친 몸과 마음을 달래줄 수 있다면 그걸로 만족한다는 것이다. 그렇다고 누가 그들을 비난할 수 있겠는가? 지친 현대인에게 고상한 고전음악보다 아이돌의 대중가요가 위안이 된다는데 무엇이 문제겠는가? 그렇다면 우리의 대중문화를 더욱 진작시켜 현대인의 삶에 조금이나마 도움이 될 수 있는 길을 열어주는 노력을 해야 할 것이다. 그러나 문제가 그렇게 간단하지 않다. 대중문화는 우리 문화의 일부분일 뿐이고 순기능만을 갖는 것도 아니다. 따라서 현대인의 권태와 대중문화와의 연관성을 단순화할 수 없는 것이다. 우리가 이 문제를 좀더 자세히 들여다보고자 하는 이유도 여기에 있다.

일반적으로 수요와 공급의 관계를 따져가며 대중문화의 순환 고리를 따져볼 수도 있다. 마케팅 전략의 측면에서 대중문화가 대중들의 마음을 어떻게 사로잡는지를 살펴보는 것도 가능하다. 문화의 트렌드를 창출하고 선도하는 과정을 살펴보는 것도 흥미로운 일이다. 그러나 여기서 우리는 기호학이라는 좀더 다른 시각으로 이러한 현상을 살펴보고자 한다. 기호학은 표면의 기호들을 관찰해서 숨은 의미를 들춰내는 임무를 자임하는 학문이다. 우리는 대중문화를 구성하는 다양한 기호를 살펴보면서 그들이 무엇을 감추고 있는지 또는 무엇을 감추고 싶어 하는지를 드러내보고자 한다. 이러한 작업의 결과로 현대인의 권태 해소라는 문제에 좀 더 명쾌한 답을 줄 수 있기를 기대해본다.

2. 대중문화의 과잉 기호

기호학이란 관점을 통해 대중문화를 살펴보려는 시도는 여러 기호학 자들에 의해 진행되었다. 프랑스의 기호학자 롤랑 바르트Roland Barthes는 『현대의 신화Mythologies』에서 대중문화에 국한하지는 않지만 다양한 사회현상을 냉철한 시선으로 읽어낸다. 이 책에서 바르트는 우리에게 자연스럽게 다가오는 대중문화는 사실 지배이데올로기를 반영하고 있다는 점을 지적한다. 이는 너무나 자연스럽기 때문에 우리는 숨겨진 의도를 의심하지 않는다는 것이다. 그러나 대중문화는 우리가 방심한 틈을 타 자신들의 이데올로기를 주입하는 것이다. 그래서 바르트는 이러한 이데올로기에 지배당하지 않기 위해서는 그것을 해체할 수 있어야 한다고 주장한다. 이탈리아의 기호학자 움베르토 에코 역시 『매스컴과 미학』에서 대중문화의 획일적 양상이 대중의 의식을 마비시키는 부정적 측면을 부각한다. 대중문화가 일시적으로 즐거움을 제공하는 것처럼 보이지만 획일화된 메시지만을 제공하기 때문에 대중들의 미적 관점을 손상시킬 수 있다는 것이다. 문제를 조금 단순화해보면 바르트와 마찬가지로 에코 역시 대중문화에 대한 비판적 수용을 강조한다.

　　미국의 거대 자본을 앞세운 할리우드 영화가 세계 문화를 잠식하는 가운데 문화의 경계가 사라지고 지역적 특수성이 힘을 잃어가는 상황에서 새삼 대한민국의 대중문화가 뭐 그리 새로울 것이 있는가라고 의문을 제기할 수 있다. 그럼에도 우리는 대한민국의 대중문화가 어떤 방식으로 대중을 사로잡고 있는지를 살펴보고자 한다. 특히 한류의 열

풍과 더불어 세계 각국으로 전파되고 있는 K-pop이라는 우리 대중문
화의 일면을 기호학적 관점으로 살펴보겠다. 물론 흥행의 성공 요인을
분석해 우리의 대중문화산업에 도움을 주려는 것보다는 그 속성을 통
찰하고자 한다. 그러면 우리 문화 역시 획일적일 뿐이고 대중들의 권태
를 달래줄 수 없다는 점을 말할 수 있을 것이다.

우리는 먼저 대중문화에서 지배적으로 나타나는 기호의 과잉을
지적할 수 있다. 이 문제에 다가가기 위해 기호에 대해서 잠깐 살펴보
자. 기호라는 말이 다소 낯설 수 있다. 기호라는 것은 의미를 지닌 무
언가로 자기 자신과는 다른 무언가를 대신 표현해주는 것이다. 미국
의 기호학자 찰스 샌더스 퍼스Charles Sanders Peirce는 세상이 기호로만 구
성된 것은 아니지만 기호로 가득 차 있는 것은 분명하다고 말했다. 우
리 주변에 다양한 기호가 온갖 의미를 가진 채 떠돌고 있다. 시선을 돌
려 주위를 살펴보기만 하면 그 기호들은 우리에게 즉각적으로 말을 걸
어온다. 물론 수용자의 환경에 따라 기호를 지각하는 수준이나 방식이
달라질 수 있다. 더불어 중요한 것은 기호의 진정한 의미를 파악하는
일이다.

상식적으로 기호를 떠올려보라고 하면 많은 경우에 교통신호, 다
양한 픽토그램pictogram을 말한다. 이것들이 기호임은 분명하지만 기호
의 종류는 매우 다양하다. 먼저 우리의 오감五感에 따라 기호를 분류할
수 있다. 문자언어나 이미지와 같은 시각기호, 구술언어나 전화 벨소리
또는 천둥소리 같은 청각기호, 향수나 음식 냄새와 같은 후각기호, 음
식 맛을 구분하고 인지하는 것은 미각기호 덕분이며, 점자點字는 대표
적인 촉각기호다. 이러한 분류 외에 기호 구성 방식에 따라 기호를 유
형화할 수 있다. 이미 널리 알려진 바와 같이 퍼스는 기호와 기호가 지
시하는 대상 사이에 유사성의 관계가 있는 도상, 인과성이 존재하는 지
표, 자의성이 있는 상징기호를 제안했다. 증명사진은 누군가의 모습
을 아주 유사하게 모방해 그 사람의 존재를 알려주는 도상기호가 된

다. 멀리 산중턱에서 연기가 피어오르는 것을 보고 불이 났다는 사실을 감지한다면 연기는 화재를 알려주는 지표기호가 된다. 또한 언어나 앞서 보았던 교통신호처럼 사회 공동체가 약속을 통해 정해놓은 상징기호도 존재한다. 물론 이런 기호들은 개별적이 아닌 다른 기호와 관계를 맺으면서 의미를 구성하고 전달한다. 그렇다면 텔레비전에서 우리가 일상적으로 만나는 아이돌의 모습에서 어떤 기호를 발견할 수 있을지 쉽게 상상해볼 수 있다.

먼저 헤어스타일이 중요한 시각기호로 작용한다. 서양문화에서 금발머리의 문화적 코드는 널리 알려져 있다. 순수함과 섹시함이라는 의미를 동시에 담고 있는 금발은 서양의 여성성을 대변하는 코드로 자리 잡고 있다. 남성들에게 금발머리는 추구하는 욕망의 대상이 되기도 한다. 우리가 지적하고 싶은 것은 헤어스타일 하나도 의미를 전달하는 기호가 된다는 것이다. 아이돌 그룹의 헤어스타일이 노래보다 더 주목받았던 경우를 기억한다면 헤어스타일의 기호적 역할을 이해할 수 있다.

의상이 기호가 된다는 것은 상식적 차원에서 이해할 수 있다. 대표적으로 유니폼이 정체성을 말해주는 기호작용을 한다. 뿐 아니라 전통의상이 민족정체성을 표현해주기도 한다. 장 보드리야르Jean Baudrillard가 말했듯이 상품이 사용가치, 교환가치를 넘어서 상징가치가 되면서 의복은 단순하게 신체를 보호하고 자본의 축적을 위한 수단으로만 머물지 않는다. 이제는 의상이 신분이나 사회적 지위를 대변해주는 기호로 작용하게 되었다는 것이다. 과거부터 의복이 신분을 말해줄 수 있었으나 브랜드가 지배하는 현대사회와는 비교할 수 없다. 유명 브랜드는 상류층에 속한다는 상징으로 작용하기 때문에 차별화의 기호역할을 한다. 의복이 기호가 되어 메시지를 전달하는 수단이 된다는 것을 인정할 때 아이돌의 의상이 어떤 기호작용을 하는지 생각해볼 수 있다. 그들의 의상은 유행의 기호가 된다. 대중문화의 스타들은 유행을 선도하는 그룹으로서 언제나 새로운 기호를 창출해내려 노력한다. 그들을 추종하는 그룹들은 같은 옷을 입으며 동일화의 노력을 한다. 유행을 따른다는 것은 같은 그룹에 속한다는 것을 의미하기 때문이다. 획일화의 문제가 다시 한 번 더 여기에서 등장한다. 길거리에서 비슷한 머리 모양을 하고 비슷한 옷을 입은 사람들을 만나는 일은 낯설지 않다. 몰개성화의 원인을 대중문화에서 찾으려 한다면 지나친 비약일까?

화장 역시 헤어스타일, 의상과 마찬가지로 기호로 작용한다. 아이라인으로 유명해진 가수가 있고 스모키 화장법이 유행을 주도한 경우도 있다. 이를 자세히 언급하는 것은 반복일 뿐이다. 이와 더불어 노래, 춤 역시 기호작용에 참여한다. 노래는 언어 메시지로 구성된 가장 중요한 기호를 구성한다. 춤은 비언어기호 유형에 속하지만 그 자체로 다양한 장르가 존재하고 이미 고유한 영역으로 연구되고 있어 우리는 기호적 속성만을 지적하기로 한다. 비언어기호는 다양한 방식으로 메시지를 구성하고 전달하는 능력을 갖고 있다. 인류학자 에드워드 홀Edward T. Hall의 연구 덕분에 신체 동작, 커뮤니케이터 간의 거리, 커뮤니케이션에 관여하는 시간 등이 중요한 기호로 작용한다는 것을 알 수 있다. 손동작 하나, 눈짓 하나도 의미를 전달할 수 있다는 것이다.

아이돌이 머리부터 발끝까지 의미를 발산하고 있다는 것을 확인할 수 있다. 뿐 아니라 작은 손동작이나 눈짓 하나부터 현란한 춤동작까지 다양한 의미로 다가올 수 있다. 앞서 지적한 것처럼 기호의 과잉을 목도하는 것이다. 각 그룹은 새로운 노래를 발표할 때마다 새로운 의상과 헤어스타일, 화장, 춤을 준비한다. 대중들이 그 모든 기호를 알아볼 수도 있고 부분적으로 간과할 수도 있다. 어쨌든 각 그룹들이 너무나 많은 기호를 가지고 소통하려 한다는 사실은 분명하다. 그렇다면 이렇게 다양한 기호로 무장한 대중문화의 대표주자 아이돌 그룹은 단조롭고 권태로운 삶을 벗어나고자 하는 대중의 의도에 너무나 잘 부합하는 것이 아닌가? 이것저것 골라봐도 고갈되지 않을 만큼의 콘텐츠가 우리를 기다리는 것이 사실이다. 아이돌 그룹들이 쏟아내는 다양한 노래를 모두 섭렵하려면 상당한 시간을 투자하지 않고서는 불가능할 것이다. 그러나 양적으로 충분한 만큼 질적으로도 그러한지는 숙고해볼 문제다.

또 한 가지 간과할 수 없는 것은 바로 수용자의 성격이다. 아이돌의 어원을 굳이 따져 분석하지 않더라도 그것의 우상적 측면을 지적할 수 있다. 아이돌 그룹에는 연령을 불문하고 다양한 층의 우상숭배자들이 존재한다. 그들은 노래보다 가수를 신성화한다. 작품이 상징하는 의미가 많을 때 작가는 무대에 등장할 필요가 없다. 그러나 반대의 상황이 될 때 작가는 독자들을 매료해야 한다. 말하자면 작가가 전면에 부각되면서 그들의 신성화가 가속되는 것이다. 동일한 논리를 아이돌의 신성화 과정에 적용할 수 있다. 아이돌은 다양한 기호를 뿜어내지만 주목받는 것은 그들 자신이다. 아이돌을 숭배하는 사람들과 관련하여 권태의 문제를 논할 수는 없다. 따라서 우리는 수용의 문제를 논하기보다 기호 구성과 그것들의 의미작용의 원리를 바탕으로 대중문화가 권태를 유발하는 원인을 규명해야 할 것이다. 이러한 작업이 기호학의 본래적인 임무에 상응하는 것이다.

3. 다르면서 같은 아이돌 그룹

다양한 기호로 구성된 아이돌의 노래는 우리를 즐겁게 한다. 빼어난 외모와 현란한 춤 솜씨, 거기다 훌륭한 노래 실력까지 갖춘 아이돌 그룹이 대중을 매료시키는 것은 당연해 보인다. 그런데 역설적으로 모든 그룹이 다르지만 또 모든 그룹이 유사하다. 대형기획사가 다양한 포지셔닝의 아이돌 그룹을 소유한 거대 기업이 되어가는 것은 이런 측면을 이해하는 데 도움이 된다. 새벽 두 시에 듣기 좋은 노래를 하는 그룹이 있는가 하면 오후 두 시에 듣고 싶은 노래를 부르는 그룹이 존재한다. 순

수함, 건강함, 섹시함 등의 다양한 콘셉트를 바탕으로 그룹이 만들어
진다. 나름대로 차별화 전략을 통해 그룹 고유의 정체성을 확보하려는
노력을 한다. 예전에는 가수의 구분이 그들이 부르는 노래 장르였으나
이제는 다른 차원에서 차별화가 이루어지는 것이다. 역설적으로 이미
지를 통해 차이를 만들어내는 이러한 전략이 그들의 유사성을 말해준
다. 그들을 포장하고 있는 다양한 기호만이 다를 뿐이다. 그래서 그룹
사이의 차이는 지속적인 관리가 필요하다. 즉 고유한 이미지의 유지 또
는 트렌드를 반영한 변화에 역동적으로 반응해야 한다는 것이다.

　　이러한 유사성에 기반을 둔 차이는 활동에 어려움을 제공하기도
한다. 한 그룹의 독점적인 새로운 기호 생산이 어려워지는 상황에서 아
이돌들은 각자 자기 순서에 따라 적절하게 새로운 메시지를 전달하는
역할을 맡게 된다. 여러 그룹이 동시에 자신들의 노래를 부르게 되면
우리는 그 차이를 쉽게 구분할 수 없을지도 모른다. 각 기획사가 어떤
전략을 가지고 활동 시기를 정하는지에 대해 마케팅 측면에서 명확하
게 제시할 수는 없으나, 기호학적 관점에서는 유사한 기호가 난무하는
상황을 지적할 수 있다.

　　차별화를 지향하면서도 그들은 함께 계획적으로 움직인다. 하나
의 유행이 시작되면 모두가 그 코드에 따라 화장을 하고 헤어스타일을
바꾸고 옷을 입는다. 노래의 스타일이나 창법도 유사할 때가 있다. 음
악 전문가가 아니기 때문에 구체적으로 언급하기는 어렵지만, 소비자
의 한 사람으로 여전히 유행하고 있는 후크송의 문제를 지적할 수 있
다. 모든 그룹이 유행의 흐름을 선도할 수 없는 상황에서 후발 그룹은
모방을 해야 하는 처지에 놓일 수밖에 없다. 물론 후발 그룹이 선도 그
룹이 되는 경우도 매우 빈번하게 발생한다. 트렌드를 모방하는 상황은
누구에게나 일어난다. 동일한 체계 내에서 자기 참조가 반복적으로 발
생하는 셈이다. 결국 다양한 기호를 제시하면서 새로움을 주려고 하지
만 자신들의 유사성과 획일성을 감추고 있을 뿐이다.

노래의 지속 수명이 점점 짧아지고 있는 점도 지적해야 한다. 이 제 노래 한 곡을 1년 내내 듣는 일은 상상하기 힘들다. 몇 달 주기로 새로운 노래를 들고 나오기 위해서는 굉장한 노력이 필요할 것이다. 앞서 지적한 다양한 기호를 새롭게 구상하는 일이 매우 힘들다는 것은 쉽게 상상할 수 있다. 더군다나 아이돌의 홍수 속에서 살고 있는 대중들에게 신선함을 주기 위해서는 빅 아이디어가 필요하다. 그렇지 않으면 그저 그런 노래라는 평가를 받고 우리의 기억 속에서 사라질 것이다.

지속성의 문제는 이미지의 시대에서 가수와 그들의 노래가 시각화된 상황과 관련되어 있다. 앞서 지적한 다양한 기호는 시각에 호소하는 것들이었다. 시각기호들은 지각 과정이 즉각적이라는 특징을 갖는다. 문자기호도 시각기호지만 가수들이 전하는 언어기호는 대부분 청각기호이기 때문에 다른 측면에서 고려해야 한다. 언급한 시각기호들은 노랫말을 제외하고 대부분 비언어기호들이라는 점도 기억해야 한다. 비언어기호는 모호하다는 특징이 있지만 보편적 소통 능력을 갖는다는 점도 중요하다. 낯선 나라를 여행할 때 손짓 발짓으로 의사소통을 한다는 통념을 떠올리면 비언어기호가 갖는 장점을 쉽게 이해할 수 있다. 다시 말해 비언어시각기호들로 구성된 메시지는 쉽게 전달되고 이해될 수 있다는 것이다. 대중문화의 가벼움을 고려한다면 이런 유형의 기호들이 선호되는 것은 당연해 보인다.

조금 다른 유형의 기호에 눈을 돌려보자. 모두가 동의하지는 않을지도 모르지만 이미지의 시대에도 가수에게 무엇보다 중요한 것은 노랫말이다. 노랫말은 앞에서 말한 비언어기호들과는 매우 다른 형식을 갖는다. 언어기호의 가장 큰 특징은 자의성에 있다. 표현 형식과 내용의 관계가 임의적이라는 것이다. 소쉬르의 고전적 예를 들면 '나무'라는 기호 표현에는 나무다운 속성이 전혀 들어 있지 않다. 다시 말해 '나무'라는 표현과 '나무질로 된 줄기를 가지고 있는 여러해살이식물'이라는 의미 사이에는 아무런 필연적인 이유가 없다. 단순하게 말한다면

'나무'를 반드시 '나무'라고 부를 필요가 없다는 것이다. 그러나 아무도 '나무'를 달리 부르지 않는다. 누구나 자기 마음대로 이름을 바꿔 부른 다면 의사소통은 불가능해진다. 언어기호는 자의적 성격을 갖지만 동 시에 협약적 성격도 갖기 때문에, 우리는 언어를 통해 안정적으로 소통 할 수 있다. 우리의 언어 공동체는 암묵적인 약속을 통해 특정 표현에 특정 의미를 부여해 사용하는 것이다.

언어기호의 이러한 특성을 언급하는 이유는 노랫말의 기호적 특 성을 설명하기 위해서다. 우리가 외국어를 배울 때 한 단어에 의미를 연결하는 작업을 반복한다. 모국어일 경우 이 과정이 자동적으로 이 루어지기 때문에 의식하지 못할 뿐이다. 어릴 적 받아쓰기를 할 때 겪 었던 어려움을 기억해본다면 이 문제가 얼마나 중요한가를 알 수 있 을 것이다. 결론적으로 우리는 평소에 이런 고민을 하지 않는다. 그러 나 고민하는 순간이 있다. 바로 시적 언어를 만날 때다. 시적 언어는 상 징성이 매우 높다는 특징이 있다. 시에서는 어휘가 갖는 본래적 의미보 다 작가가 부여한 상징적 의미가 작동한다. 그래서 그 안에서 작동하 는 코드를 알지 못하면 시적 언어의 의미를 알 수 없다. 텍스트를 반복 해 읽으면서 의미에 조금씩 다가가게 되고 곱씹을수록 내용이 풍요로 워지기도 한다. 시집을 곁에 두고 읽고 또 읽는 이유는 시적 언어의 특 징 때문일 것이다.

요즘 1970년대 유행가를 들려주는 프로그램을 볼 수 있다. 대중 들이 이 프로그램을 즐겨 보는 이유는 여러 가지겠지만 그중 하나가 노랫말에 있다고 할 수 있다. 이미 30여 년 전에 듣던 음악을 다시 반복 해서 들으며 즐길 수 있는 것은 노랫말이 시적 언어의 속성을 갖기 때 문이다. 노랫말에 부여된 상징 의미를 다시 만나며 어린 시절의 추억을 떠올리기도 하고, 첫사랑의 아련한 기억과 만나기도 하는 것이다. 아이 돌의 노래로 돌아오면 어떤 상황에 처하게 될까? 흔히 노랫말의 깊이 가 없어 신곡이라고 해도 몇 번만 들으면 싫증이 난다고 말한다. 감각적이고 즉각적으로 이해할 수 있는 어휘들로 구성된 노랫말은 우리에게 쉽게 다가오지만 오래 남지 않을 뿐 아니라 지루해지기도 쉽다. 이러한 속성 때문에 신곡의 출현 주기가 짧아지는 것이라고 생각할 수 있다. 대중을 쉽게 열광시킬 수 있으나 오래 붙잡아둘 수 없다는 것이다. 이러한 현상은 앞서 지적했던 과잉 기호의 문제와도 연결된다. 아이돌 그룹이 다양한 시각기호로 무장했다고 하지만 그 기호들은 지속수명이 짧다. 생존을 위해 과잉 기호의 사용은 선택의 여지가 없는 필연적 운명인 것처럼 보인다. 넘쳐나는 시각기호와 더불어 이러한 노랫말의 속성이 대중을 사로잡으면서 동시에 싫증나게 하는 것이다. 결국 아이돌들은 신곡을 계속해서 발표하면서 대중의 권태라는 채워질 수 없는 욕망을 채우려는 경주를 하고 있는 것이다. 새로움을 통해 갈증을 채우려는 대중을 위해 그들은 끊임없이 새로운 기호를 창출하려 노력한다. 대중은 그 많은 기호를 접하면서도 뭔가 새로운 것을 욕망하기 때문이다. 불행하게도 이는 마치 헥토르를 영원히 따라잡을 수 없는 아킬레스와 같다. 언제까지라도 욕망의 대상-원인에 도달할 수 없는 것이다.

십 대나 이십 대 초반의 감성에 호소하는 가수들에게 깊이를 요구하는 것은 무리다. 그들은 그들의 경험과 감성에 맞는 노래를 훌륭하게 불러주고 있는지도 모른다. 문제는 그들이 전달하는 메시지가 진정한 차이를 보여주지 못한다는 점을 지금까지 살펴보았다. 텔레비전 음악 관련 프로그램을 점령해버린 아이돌에게서 우리는 어떤 메시지를 얻을 수 있을까? 혹자는 이렇게 말할 것이다. 그들에게서 뭐 심각한 예술을 원하느냐? 그냥 순간을 즐기면 그뿐이다. 그들의 아름다운 외모에 감탄하고 감각적인 유모에 웃으면 된다는 것이다. 그러나 우리의 대중문화라는 하나의 살아 움직이는 유기체가 점점 기형이 되어간다는 생각을 하지 않을 수 없다.

4. 건강한 문화 생태계를 위하여

대중문화에서 고상한 예술을 기대하는 사람은 없을 것이다. 그러나 자
연의 생태계가 고도의 먹이사슬을 통해 유지될 때 그 아름다움을 발산
할 수 있는 것처럼 우리 문화의 생태계에서 대중문화 역시 건강한 모습
으로 존재해야 한다. 그래야 문화 생태계 전체가 조화롭게 생존할 수
있다. 편향된 대중문화는 전체 지형도를 왜곡시키는 연쇄작용의 첫 도
미노 조각이 될 수 있다는 사실을 항상 명심해야 한다.

아이돌만으로 우리의 대중문화를 모두 채울 수는 없다. 10년 후
에 그들은 무엇을 하고 있을까? 새롭게 등장한 아이돌들이 이들을 대
체할 것이다. 문화 분야의 종사자들은 시간의 흐름과 더불어 좀더 숙
성된 콘텐츠를 생산해낼 수 있다. 그러나 현재의 구도에서 그들에게 그
러한 기회는 부여되지 않을 것 같다. 요즘 과거의 아이돌들이 노래는
멀리하고 예능이라는 정체 모를 프로그램을 채우고 있는 현실을 보면
앞서의 우려를 이해할 수 있다.

문화의 트렌드 변화에 대처하는 일은 많은 노력을 요구한다. 그
것을 예측하는 일이 어렵기 때문이다. 좀더 안전하게 우리의 문화 지형
도를 그려낼 수 있는 길은 건강한 생태계를 유지하는 것이 아닐까 생
각한다. 균형을 유지할 때 한 부분이 다소 어려움에 처하더라도 다른
부분이 보완하면서 전체의 건강을 회복할 수 있다. 결국 아이돌을 위해
서라도 그들과 더불어 함께할 수 있는 다른 가수들의 공존이 절대적으
로 필요하다.

영상은 최대의 공간에서 최소의 다양성을 갖는다고 한다. 이는 엄
청난 속도로 국가적 경계를 넘어 전파된다. 지역의 개별 문화를 잠식
하고 획일적인 문화를 세계 각국에 심는 것이다. 아이돌 그룹들이 세계
각국에서 활약하기 시작하면서 우리 문화산업의 미래를 밝게 전망하
는 사람들이 많다. 그들은 분명히 일정 부분 훌륭한 역할을 수행하고

있다. 그러나 그들의 성공을 장기화하기 위해서는 앞서 지적한 획일성의 문제를 경계해야 한다. 그래야 할리우드 영화가 받는 비판을 우리는 피할 수 있을 것이다.

권태 죽이기와 죽도록 즐기기

손석춘

1. 똥 누는 놀이

권태. 그 개념을 정의하기란 권태를 불러오기 십상이다. 절제되지 않은 욕망을 스스로 정당화할 때 지청구로 쓰는 용법 때문만은 아니다. 권태의 정의를 둘러싼 담론이 더러 고답적으로 흘러서다. 그래서다. 일상의 어법 "어떤 일이나 상태에 시들해져서 생기는 게으름이나 싫증"이라는 국어사전 정의에서 출발할 필요가 있다. 그 정의에 가장 가까운 권태의 풍경을 생생하게— 바로 그렇기에 더할 나위 없이 지루하게 그려낸 작가가 1930년대의 이상이다. 이상은 에세이 『권태』에서 "불쌍하기도 하려니와 거대한 천치"인 농민— 당시 조선 인구의 대다수였다— 의 삶을 "일할 때는 초록 벌판처럼 더워서 숨이 칵칵 막히게 싱거울 것이요, 일하지 않을 때에는 겨울 황원처럼 거칠고 구주레하고 싱거울 것"이라고 썼다. 비단 어른들만 권태에 매몰된 게 아니다. 1930년대 농촌의 아이들을 담아내는 작가의 붓끝은 을씨년스럽다.

> 길 복판에는 6, 7인의 아이들이 놀고 있다. 적발동부의 반나체이다. 그들의 혼탁한 안색, 흘린 콧물, 두른 베, 두렁이 벗은 웃통만을 가지고는 그들의 성별조차 거의 분간할 수 없다. (……) 돌멩이로 풀을 짓찧는다. 푸르스레한 물이 돌에 가 염색된다. 그러면 그 돌과 그 풀은 팽개치고 또 다른 풀과 돌멩이를 가져다가 똑같은 짓을 반복한다. 한 10분 동안이나 아무 말이 없이 잠자코 이

렇게 놀아 본다. 10분 만이면 권태가 온다. 풀도 싱겁고 돌도 싱겁다. 그러면 그 외에 무엇이 있나? 없다. (……) 일어서서 두 팔을 높이 하늘을 향하여 쳐든다. 그리고 비명에 가까운 소리를 질러본다. (……) 그 짓도 5분이다. 그 이상 더 길게 이 짓을 하자면 그들은 피로할 것이다. 순진한 그들이 무슨 까닭에 피로해야 되나? 그들은 우선 싱거워서 그 짓을 그만둔다. 그들은 도로 나란히 앉는다. 앉아서 소리가 없다. 무엇을 하나. 무슨 종류의 유희인지 유희는 유희인 모양인데— 이 권태의 왜소인간들은 또 무슨 기상천외의 유희를 발명했나. 5분 후에 그들은 비키면서 하나씩 둘씩 일어선다. 제각각 대변을 한 무데기씩 누어 놓았다. 아— 이것도 역시 그들의 유희였다. 속수무책의 그들 최후의 창작 유희였다. 그러나 그중 한 아이가 영 일어나지를 않는다. 그는 대변이 나오지 않는다. 그럼 그는 이번 유희의 못난 낙오자임에 틀림없다. 분명히 다른 아이들 눈에 조소의 빛이 보인다.

어떤가. 이상이 증언하던 시대와 오늘의 풍경은 확연히 다르다. 어른의 삶은 물론 아이의 일상도 달라졌다. 똥 누는 놀이를 벌이는 아이들을 찾기란 이제 불가능하다. 1930년대와 2010년대의 시간대에서 오는 차이만은 아니다. 삶의 풍속화가 달라졌다. 그 차이를 불러온 가장 큰 요인은 무엇일까? 우리는 결정적 요인을 대중매체의 출현에서 찾을 수 있다.

2. 대중매체와 권태 죽이기

권태를 생생한 지루함으로 그려낸 이상의 에세이에도 대중매체는 등장한다. 작가는 "세수로 권태를 달래야 하는 답답함에 절망"하면서 "이

마을에는 신문도 오지 않는다"며 신문을 받아보면 마치 권태를 벗어날
수 있기라도 하는 듯이 한탄한다. 이상이 살던 시대에는 교통망의 한
계로 벽촌에서 신문을 받아보기는 불가능했다. 그 시대와 견주면 비단
신문 배포망만 문제가 아니다. 1937년에 세상을 뜬 작가는 전혀 상상
조차 못했을 미디어들이 지금은 일상생활에 넘쳐난다. 식민지에서 권
태의 절망에 사로잡힌 이상이 신문도 볼 수 없던 그 순간에 이미 제국
주의 본거지인 유럽에선 신문과는 전혀 다른 대중매체가 잉태되고 있
었다. 제국주의 국가들 사이의 피비린내 나는 전쟁을 거쳐 1950년대
에 비로소 대중화하기 시작한 텔레비전이 그것이다. 텔레비전이 등장
한 뒤 현대인에게 이상이 그린 권태의 풍경은 더 이상 현실감이 없다.
21세기 오늘을 살아가는 사람들이 살아가는 모습을 가만히 둘러보라.
텔레비전은 집집마다 가족 구성원들이 모이는 곳에 사뭇 의연하게 자
리하고 있다. 거실 중앙에 텔레비전을 두는 관습도 여전하지만 방마다
텔레비전을 갖춘 집이 늘어나고 있다. 집의 테두리도 넘어선 지 오래
다. 인터넷과 결합하면서 텔레비전은 사무실에서도 언제나 우리 곁에
있다. 심지어 스마트폰을 통해 이동 중에도 볼 수 있다. 지하철 안에서
텔레비전 프로그램을 즐겨보는 풍경은 쉽게 볼 수 있다. 스마트폰으로
사실상 텔레비전을 들고 다니는 셈이다.

객관적 통계로도 확인할 수 있다. 서울대 언론정보연구소가 한국
방송KBS과 함께 조사해서 발표한 '국민생활 시간조사'를 보자. 한국인
들이 24시간을 어떻게 살아가는지 파악한 조사 결과(2011년)에 따르
면 한국인은 24시간 가운데 생활필수행위, 곧 잠자고 세 끼 밥을 먹는
데 10시간 33분을 사용한다. 노동시간은 6시간 32분, 이동하는 데 소비
시간은 1시간 19분이다. 세 항목만 합쳐도 18시간 24분이다. 남은 시간
은 5시간 36분이다. 물론, 이 조사 결과에 당장 의문이 들 수 있다. 가
령 노동시간이 6시간 32분이라는 게 현실감 없게 다가올 성싶다. 한국
인들의 노동시간이 경제협력개발기구OECD 국가 가운데 가장 많고 사

실상 세계 최장이라는 사실은 이미 많은 사람에게 알려져 있지 않은가. 여기서 6시간 32분이 나온 것은 국민 평균이기 때문이다. 그러니까 일터에 나가서 일하는 사람들에겐 그나마 남은 시간, 곧 자유로운 시간이 훨씬 줄어든다고 봐야 옳다.

그럼 대중매체와 보내는 시간은 하루 얼마나 될까? 국민생활 시간조사는 놀라운 결과를 우리에게 보여준다. 〈그림〉에서 볼 수 있듯이 지상파 텔레비전을 보는 데 1시간 46분, 케이블이나 위성방송을 보는데 23분(지상파와 합치면 텔레비전을 보는 데 2시간 9분), 인터넷 37분, 휴대폰 25분, 신문·잡지·책 읽는 데 10분, 라디오 청취 9분이다. 모두 합치면 하루 3시간 30분을 미디어와 보내고 있는 셈이다.

〈그림〉 우리가 매스미디어와 함께 보내는 시간

텔레비전을 6세부터 80세까지 2시간씩 본다고 가정하면 꼬박 6년을 텔레비전 앞에 앉아 있다는 끔찍한 수치가 나온다. 양적인 수치만 보더라도 텔레비전, 라디오, 신문, 인터넷을 비롯한 대중매체는 단순히 생활을 도와주는 서비스 차원을 넘어 우리가 살아가는 인생과 떼려야 뗄 수 없는 유기적 관련을 맺고 있다. 21세기를 살아가는 한국인들에게 수백여 개의 채널을 만날 수 있는 텔레비전은 일상생활이 되었다. 평일에도 2시간 넘게 보고 있지만, 주말에 들어서면 시청시간이 가파르게 올라간다.

비단 양적 문제에 그치지 않는다. 질적으로도 크고 깊다. 가령 미국 커뮤니케이션학자 닐 포스트먼Neil Postman은 텔레비전이 인식론을 바꾸고 있다고 분석한다. 학계에 지금도 회자되고 있는 저서『죽도록 즐기기Amusing Ourselves to Death』에서 활자 시대의 쇠퇴와 텔레비전 시대의 부상을 탐구하며 포스트먼은 영상매체 때문에 정치, 교육, 공적 담론, 선거를 비롯한 모든 것이 '쇼비즈니스' 수준으로 전락했다고 개탄했다.

모든 문화는 결국 그 사회의 지배적 커뮤니케이션 매체의 영향을 받기 마련이라고 보는 포스트먼에게 대중매체의 영향력에서 자유로울 수 있는 사람은 없다. 텔레비전이 등장한 뒤 오락은 모든 담론을 압도하는 지배이념이 되었다. 무엇을 묘사하든, 어떤 관점에서 전달하든, 가장 중요한 전제는 즐겁고 재미있어야 한다는 점이다. 실제로 그 말은 한국의 방송사 프로듀서들에게도 불문율처럼 내려오는 철칙이다.

포스트먼의 통찰력은 미래를 예언한 학자 조지 오웰의『1984』와 올더스 헉슬리의『멋진 신세계』를 견주는 데서 도드라진다. 오웰이 그린 미래—1948년에 쓴 그 책의 제목, 1984년은 이미 우리에겐 과거가 되었다—에서 사람들은 압제에 지배당한다. 누군가 금서목록을 만들고 진실이 은폐될 것을 우려했다. 정치적 통제로 문화 자체가 감옥이 되는 상황이다. 하지만 헉슬리가 그린 미래는 달랐다. 압제의 고통이 아니라 '즐거움'을 제공함으로써 사람들을 통제한다. 정보는 모자라는 게 아니라 넘친다. 홍수처럼 쏟아지는 정보와 오락으로 사람들의 사고 능력이 떨어져 수동적 존재가 될 가능성을 헉슬리는 우려했다. 그 멋진 신세계에선 굳이 서적을 금지할 이유가 없다. 두려움이 우리를 파괴할 것을 우려했던 오웰과 즐거움이 파괴될 것을 우려한 헉슬리의 예측 가운데 어떤 것이 현실에 적실한가. 우리는 이제 그 질문에 분명하게 답할 수 있다. 예외적 현상도 있지만 대체로 즐거움이 지배하고 있다.

텔레비전을 통해 대량생산되는 대중문화 상품이 우리 의식과 감각을 틀frame 지워가고 있다. 당장 한국인의 삶을 톺아보아도 확인할 수 있다. 텔레비전에 넘쳐나는 드라마를 비롯한 오락 프로그램은 세상이 얼마나 즐거운지를 시청자들에게 시시각각 각인시켜준다. 휴일에는 시청시간이 급증하는 데서 확인할 수 있듯이 현대인은 텔레비전이 보여주는 즐거운 세계 앞에서 삶의 권태를 해소하는 문화에 젖어 있다.

문제는 재미가 뉴스까지 이어지는 데 있다. 텔레비전을 통해 사람들은 '뉴스'를 진지하게 받아들이기보다는 재미 삼아 본다. 수천여 명이 죽음을 맞은 재난을 보더라도 마찬가지다. 알카에다의 세계무역센터 테러나 미국의 이라크 침략 전쟁은 포스트먼이 책을 쓴 이후에 일어난 사건들이지만 뉴스를 '재미'로 바라보는 대표적 보기다. 뉴스 자체가 쇼가 되어 "잘생기고 상냥한 뉴스 진행자, 유쾌한 재담, 자극적인 타이틀 음악, 생생한 현장 장면, 그리고 매혹적인 광고 (……) 이 모든 것들이 방금 본 장면이 슬퍼할 필요가 없음을 암시한다." 텔레비전 뉴스는 오락적 구성으로 성찰을 요구하지 않는다. 아무리 심각한 뉴스라도 곧 광고가 등장해서 일순간에 뉴스의 의미를 약화시켜 평범한 사건으로 만들어버린다. 실제로 미국 텔레비전 방송의 뉴스 앵커는 "간단할수록 좋다. 복잡성은 피해야 한다. 뉘앙스는 전달되지 않아도 상관없다. 잡다한 조건을 제시하는 것은 메시지를 단순화하는 일을 방해한다. 시각적 자극을 통해 생각을 말도록 해야 한다. 언어적 엄밀성을 추구하는 것은 시대착오적"이라고 사뭇 당당하게 말했다.

모든 사건이 개별적으로 다루어지고, 모든 연관성이 배제된 채 파편화된 인식에 철저하게 길들여진 현실을 포스트먼은 '까꿍놀이peek-a-boo'세계라고 비판한다. 그 영향으로 신문도 텔레비전 포맷을 따라가고 심지어 학교교육도 '시각적 효과'를 강조한다.

결국 한 사건이 시야에 나타났다가 사라지고 곧이어 또 다른 사건이 시야에 나타났다가 사라지는 상태가 반복되는 세계, 곧 까꿍세계에서는 작가 이상이 그린 권태가 자리하기 어려울 수밖에 없다. 텔레비전 인식의 논리인 까꿍세계에서는 일관성과 분별을 찾기 어려울 뿐 아니라 "우리에게 뭔가를 하도록 요구하지도 않는— 실은 그것을 불허하는— 세계"라고 포스트먼은 지적한다. 바로 그 점에서 사회구성원 대다수가 몰입해 권태를 잊는 까꿍세계는 기득권 세력에겐 더없이 바람직한 세상이다.

3. 텔레비전중독과 중독의 권태

텔레비전의 인식론을 '죽도록 즐기기'로 개념화한 포스트먼의 논리는 다분히 은유지만 실제로 텔레비전이 죽음까지 불러오는 일이 벌어지고 있다. 문화나 예술이 빈약해 텔레비전에 의존할 수밖에 없는 나라들만의 문제가 아니다. 스위스는 1인당 국민소득이 6만 달러가 넘을 만큼 경제 수준이 높다. 그런데 1998년 그 나라에서 결혼 32년이 된 노부부에게 참극이 벌어졌다. 텔레비전 채널권을 놓고 심하게 다투던 남편이 격분해서 총을 쏘아 아내를 살해했다. 그 불행을 이해할 수 있는 길은 하나다. 바로 중독이다.

텔레비전중독은 지구촌에 보편적 현상이다. 텔레비전 시청은 현대사회에서 살아가는 대다수 사람들에게 삶의 권태를 풀기 위한 가장 저렴하고 효과적 방법이다. 하지만 텔레비전 시청 또한 권태를 불러오기 때문에 방송사들은 끊임없이 자극적 화면으로 시청자들을 사로잡아야 한다. 시청률이 높아야 방송사는 그것을 근거 또는 수단으로 광고 수입을 올릴 수 있기 때문이다. 따라서 방송 내용이나 구성과 표현에서 언제나 더 자극적인 방법을 찾을 수밖에 없다. 선정적이고 폭력적인 장면들이 무장 늘어나는 현상은 텔레비전이 상업화로부터 절연하지 않는 한 필연적 결과다. 우리가 의식하지 못하는 사이에 실제로 텔레비전 화면의 선정성은 급속도로 진행되었다. 1980년대에만 하더라도 상상할 수 없었던 장면들이 지금은 버젓이 안방 화면에 등장하고 있다. 물론 시청자들은 갈수록 더 자극적인 장면을 요구하게 된다. 권태를 잊기 위한 텔레비전 시청이 중독에 이르고 중독은 더 강한 자극을 원하는 악순환이 벌어지는 셈이다.

특히 한국 사회에선 드라마중독이 심하다. 한국처럼 텔레비전에서 드라마를 많이 방영하는 나라는 없다. 가난한 서민의 딸이 대기업 회장의 아들과 사랑하는 형태의 신데렐라 효과가 언제나 반복되는 드라마 주제다. 한국 사회에 외모지상주의와 성형수술 붐이 일어나는 주요 원인을 텔레비전에서 찾을 수 있다. 텔레비전은 드라마를 시청하는 모든 사람에게 돈에 대한 환상을 심어준다. 돈이 많은 대기업 회장이나 부자들이 자신의 회사 직원이나 가난한 사람들에게 고압적으로 군림하는 장면들을 당연하고 자연스런 일인 듯이 방송한다. 돈만 있으면 모든 게 가능하고 행복할 수 있다는 통념은 수많은 십 대에게 자신의 꿈을 부자로 설정하게 했다. 동시에 대기업에서 일하는 노동자들 위에 고압적으로 군림하는 회장, 그 회장과 가족에게 아부만 일삼는 노동자들의 모습을 반복해서 볼 때 시청자들인 국민들 사이에 노사관계에 대한 올바른 인식이 싹틀 수 있을까?

그런 드라마를 많이 보면서 자란 대한민국 국민 대다수는 대기업의 권위주의적 노사관계에 대한 아무런 문제의식 없이 자본을 많이 가진 사람들을 선망하며 커나가기 십상이다. 사회적 약자들은 드라마에서도 조명받지 못한 채 소외당한다. 중산층 이상의 화려한 생활이 중심이 된 텔레비전 화면에 몰입하며 우리는 삶의 권태를 잊는다. 즐거움을 선사해주는 또 다른 텔레비전의 '영구적 고정 프로그램'은 광고다. 광고를 보며 권태를 느끼기란 불가능하다. 심리학적 연구까지 동원해 광고를 제작하기 때문이다.

광고는 즐거운 세상을 상징한다. 광고가 20세기 중반 들어 전성기를 맞는 데는 사회경제적 변화가 배경으로 자리하고 있다. 1920년대 말부터 본격화한 미국의 대공황이 그것이다. 당시 대공황이 일어난 것은 필연이었다. 자본이 집중되어 대기업에서 만드는 상품은 시장에 쏟아져 나오는 데 노동하는 사람들인 국민 대다수는 그것을 구입할 경제적 여유가 없어져갔기 때문이다.

마침 자본주의를 근본부터 넘어서자는 사회주의 사상이 퍼져가고 러시아혁명이 성공(1917년)한 상황에서 세계적 대공황을 맞은 기업들은 자신들의 생산체제가 유지될 수 있으려면 방향 전환이 필요하다고 판단했다. 나라 밖으로 상품 판매 시장을 넓히기 위한 제국주의 정책이 두 차례의 대전쟁(1, 2차 세계대전)을 불러왔기 때문에 새로운 정책은 더 절실했다. 노동자들에 호소력이 높은 사회주의혁명의 확산을 막기 위해서라도 노동자들의 절실한 요구를 어느 정도 들어주면서 자본주의의 공황을 벗어날 묘안을 짜내려고 골몰했다.

그 고민의 귀결이 경제학자 케인즈가 이론적 기초를 만든 '수정자본주의'다. 자본을 가진 사람들은 자신들이 만든 상품을 노동자들이 살 수 있도록 노동자들의 임금(월급)을 어느 정도는 올려야 한다는 '깨달음'을 얻었다. 국정을 담당한 정부 또한 자본주의 시장을 유지하려면 상품을 살 노동자들의 경제적 능력을 높여야 한다고 판단했다. 모든 것을 시장에 맡기던 자본주의의 논리를 '수정'한 셈이다. 수정자본주의로 전환했다고 해서 임금이 오른 노동자들이 모두 소비에 나섰을까? 그렇지는 않을 터다. 노동자들은 불확실한 미래를 대비하기 위해 여전히 소비보다는 저축을 했다. 상식적인 선택이다.

하지만 자본을 가진 사람들에게 그것은 상식이 아니다. 돈을 더 주고 소비를 하라고 해도 소비하지 않을 때는 어떤 방법이 있었을까? 상품을 사라고 총칼로 위협할 수는 없기에 노동자들이 비싼 자동차나 세탁기와 같은 가전제품, 라디오를 적극 구입하도록 '유도'하는 방법, 자발적으로 소비를 활성화하도록 만드는 방법을 마침내 찾았다.

광고에 투자하면서 놀라운 효과가 실제로 나타났다. 가난한 사람들이 꼭 필요하지도 않은 사치용품을 할부(나중에는 카드)로 구입하는 일이 유행처럼 퍼져갔다. 사실 지금도 무분별하게 카드를 긁어대는 사람들을 우리 일상생활의 주변에서 흔히 볼 수 있다.

지금까지 그런 세태를 당연하게 생각해왔다면 이제 왜 그런가를—가령 꼭 필요하지도 않은 데 비싸거나 새로 나온 상품을 사려는 심리가 왜 있는지—깊이 성찰해볼 필요가 있다. 수정자본주의가 지배적 흐름이 되어가던 시대에 때마침 라디오와 그에 이은 텔레비전의 등장으로 상품을 생산하는 사람들은 광고의 중요성을 더욱 실감했다. 광고는 그 자체가 초고속으로 성장하는 '미디어산업'이 되었다. 광고는 기업의 상품 판매(마케팅) 활동을 촉진하고 소비자의 경제적 의사결정에도 큰 영향을 준다. 실제로 대다수는 광고를 통해 특정 상품을 선택하고 있다. 소비자에게 정보를 준다는 점에서 광고는 유익한 미디어다.

상품이 넘치면서 광고 경쟁은 치열해질 수밖에 없다. 사람들의 눈길을 끌기 위해 더 재미있고 더 세련되게 발달해왔다. 소비자들의 생각과 갈망을 알아내려고 과학적 조사가 이루어졌고 대학에서 광고를 전문으로 가르치는 학과들이 급증했다. 광고 제작을 창의적이고 예술적 활동으로 규정하고 연구하는 학자도 늘어나고 있다. 그들은 광고를 '설득 커뮤니케이션'의 하나인 동시에 '재치와 아름다움으로 설득하는 예술'이라고 높이 평가한다. 결국 신데렐라 효과를 심어주는 프로그램과 광고가 날마다 만드는 이미지 신화는 우리에게 권태를 잊게 해준다. 모델료를 비롯해 서민에겐 상상을 초월하는 예산으로 제작한 광고는 혹시라도 권태를 느낄 시청자들을 위해 주기적으로 바뀐다. 물론 더 감성적으로 파고든다. 텔레비전 프로그램이나 광고 모두 죽도록 즐기는 세상을 우리에게 심어주고 있는 셈이다. 현대인과 텔레비전 사이에는 권태와 중독의 악순환이 자리하고 있다.

4. 죽도록 즐기기와 인터넷

권태를 벗어나게 하는 텔레비전중독은 21세기 들어 인터넷중독과 겹치고 있다. 특히 젊은 세대에겐 더 그렇다. 이상이 그렸던 1930년대의 똥 누는 놀이와 견주면 컴퓨터게임에 몰입하는 십 대들은 도통 권태를 느낄 수 없을 듯하다. 기실 따지고 보면 게임중독은 똥 누는 놀이에 비해 세련되었을지는 모르나 되레 타락한 모습일지도 모른다.

하지만 게임에 몰입하는 청소년들을 기성세대가 일방적으로 나무라는 것은 효과도 없을 뿐더러 옳지 못하다. 중독 현상이 크게 늘어나는 데는 그럴 만한 이유가 있기 때문이다. 전문가들은 정규 학교와 학원을 오가는 반복된 생활, 게다가 치열한 입시경쟁에서 오는 스트레스로부터 벗어나기 위해 자기도 모르게 게임에 빠져들게 된다고 분석한다. 그것은 장시간 노동과 생존경쟁에 지친 기성세대가 텔레비전중독이나 알코올중독에 빠져드는 이유와 같다.

물론 기성세대 가운데도 게임중독자가 적잖지만 대부분은 젊은 세대다. 통계에 따르면 부모가 이혼했거나 집이 가난한 청소년들이 게임중독에 빠질 위험이 훨씬 높다. 구체적으로 2012년 기준 가구당 월 소득이 200만 원 이하인 가정의 청소년들은 500만 원 이상인 가정의 청소년에 비해 인터넷에 중독된 비율이 두 배 가까이 높다. 권태를 이겨낼 다른 가능성이 닫혀 있기 때문에 그렇다.

텔레비전중독이 살인을 부른 예화를 앞서 소개했지만 인터넷중독은 '죽도록 즐기기'의 극한을 보여준다. 포스트먼이 그 개념을 썼을 때 인터넷은 아직 대중화하지 않았지만 텔레비전의 문제점은 인터넷에서 고스란히 이어지고 더러는 강화되고 있다.

2010년 10월 미국 플로리다에 사는 한 여성이 인터넷게임을 방해한다는 이유로 울고 있는 자신의 아이를 마구 흔들어 숨지게 했다. 이 엽기적 사건은 지구촌 곳곳까지 전해져 모두 충격을 받았다. 죽은 아이의 어머니는 범죄를 모두 자백했다. 인터넷게임을 하던 중 아이가 너무 심하게 울어 순간적인 분노가 치밀었다고 범행 동기를 밝혔다. 그 기사가 국내에 알려지자 네티즌은 "무섭다"는 댓글들을 줄지어 올렸다.

그런데 그것은 죽도록 즐기는 인터넷 문제점의 출발에 지나지 않았다. 지구촌의 눈길을 모은 참극이 벌어진 지 불과 두 달 뒤였다. 2010년 12월 21일, 한국에서도 인터넷게임에 중독된 27세의 젊은 여성이 자신의 아이를 폭행하고 목을 졸라 살해한 참사가 발생했다. 현장을 조사한 경찰관은 아이가 방 안에 오줌을 싸자 게임에 중독된 엄마가 화장실에서 아이를 씻기며 수차례 폭행하고 목을 졸라 살해했다고 밝혔다. 자신의 아이를 살해한 젊은 여성은 하루에 10시간 이상 온라인 게임에 빠져 살았다. 집 안은 쓰레기장 처럼 어질러져 있었다.

어떻게 자기 아이를 목 졸라 죽이느냐고 물을 수 있겠지만 바로 그게 중독의 위험성이다. 전문가들은 젊은 엄마가 게임에 중독된 나머지 자신의 아이를 온라인게임에 등장하는 애완동물로 착각해 죽인 것으로 추정했다. 아이의 주검은 3일 넘도록 방에 방치되어 있었고 시댁 식구들이 발견한 뒤 경찰에 신고해서 알려졌다. 대한민국에서 일어난 이 사건 또한 미디어를 타고 지구촌 곳곳에 퍼졌다. 그 뒤 인터넷중독, 게임중독이 빚은 살인사건이 줄을 이어 드러났다. 이른바 미국의 '명문대학'을 다녔던 20대가 밤새워 인터넷게임을 즐긴 뒤 저지른 참극도 있다. 인터넷게임의 흥분이 가라앉지 않은 상태에서 그는 제일 먼저 본 사람을 죽일 생각으로 집을 나섰고, 어이없게도 행동에 옮겼다. 애먼 사람의 생명을 빼앗고 자신의 인생도 평생 돌이킬 수 없는 파멸의 구덩이로 밀어 넣었다. 중학생이 게임중독을 나무라던 어머니를 살해하고 자살한 처참한 사건, 30대 의사가 게임을 말리는 만삭의 아내를 살해한 사건, 인터넷게임으로 부모와 갈등을 겪던 한 학생이 고교 입학식에 참석하지 않고 아파트 옥상에서 투신자살한 사건이 꼬리를 물고 일어났다. 두루 알다시피 인터넷게임 또한 권태와 중독, 다시 권태의 악순환으로 칼이나 총, 흉기로 게임 속 다른 캐릭터를 때리고 찌르거나 죽이는 일이 무장 늘어난다. 많이 죽일수록 '좋은 일'이다. 그런 게임을 하루 이틀이 아니라 몇 달에 걸쳐 계속하면 자신도 모르게 현실감각이 없어질 수 있다. 기성세대처럼 음주와 환락가 출입이 자유롭지 못한 청소년들이 대학 입시경쟁에 내몰린 자신들의 일상에서 밀려오는 지루함, 곧 권태를 풀어갈 가장 쉬운 방법은 인터넷게임밖에 없다는 분석은 설득력 있다. 인터넷중독은 권태를 이겨내기 위해 더 자극적 방법으로 현재화하고 있다.

하지만 반드시 비관적인 것만은 아니다. 비록 인터넷이 텔레비전보다 죽도록 즐기기의 극한형태를 보이고 있지만, 즐거운 게임으로 권태를 벗어나려는 중독과 전혀 달리 권태를 이겨내는 새로운 가능성을 그곳에서 발견할 수 있기 때문이다. 20세기 사람들에게 일상생활에서 권태의 양상을 바꿔놓은 텔레비전과 견주어 인터넷은 비슷한 속성을 지녔으면서도 근본적으로 다른 미디어다. 텔레비전이 송신자에서 수신자로 가는 일방향적 미디어인데 반해 인터넷은 송신자와 수신자가 고정되어 있지 않은 쌍방향 미디어로서 새로운 지평을 열었기 때문이다. 인터넷이 권태와 중독이라는 악순환의 양상을 바꿀 수 있는 가능성이 구체적으로 드러난 보기로 위키피디아Wikipedia를 주목할 수 있다. 네티즌이라면 누구나 한번쯤은 사용한 경험이 있을 온라인 백과사전이다. 네티즌들이 직접 용어에 대한 정의를 내리고, 그 정의를 자유롭게 수정하고 편집할 수 있도록 한 백과사전으로 사전을 만드는 데 누구나 참여할 수 있게 열려 있다. 네티즌이 직접 만드는 백과사전이기에 설명의 정확성에 경계심을 가져야 마땅하겠지만, 위키피디아와 브리태니커 백과사전에 큰 차이가 없다는 분석 결과가 세계적 과학 권위지 〈네이처〉에 실렸다. 위키피디아가 달성한 위업은 전적으로 네티즌 모두의 공로였다. 누군가 올린 글에 설명이 잘못되어 있으면 다른 사람이 수정하고 그렇게 수정을 거듭하면서 브리태니커 수준까지 이른 것이다. 이것이

위키피디아가 '집단 지성'의 상징으로 꼽히는 이유다.

집단지성Collective Intelligence은 다수의 개체들이 협력과 경쟁으로 얻게 된 지적 능력의 결과로 얻어진 집단적 능력을 이르는 개념이다. 위키피디아의 발전 과정은 지식과 정보의 생산자나 수혜자가 따로 없이 누구나 생산할 수 있고 모두가 손쉽게 공유하면서도 정체되지 않고 계속 진보하는 집단지성의 특성을 가장 잘 보여준다. 물론, 인터넷을 앞장서서 개척해가는 미국도 '인터넷이 당신을 더 멍청하게 만드는가 아니면 더 똑똑하게 만드는가Does the internet make you dumber or smarter?'라는 문제를 놓고 토론을 한창 벌이고 있다. 분명한 것은 딱히 위키피디아 사례가 아니더라도 인터넷의 쌍방향성이 포스트먼이 전망한 죽도록 즐기기와 다른 현실을 창조하고 있다는 사실이다. 2011년 전 세계를 뒤흔든 SNS혁명이 그 대표적 사례다. 소셜네트워크서비스의 줄임말인 SNS는 튀니지와 이집트에서 장기집권을 종식시킨 민중항쟁의 무기였다. 위키피디아와 집단지성 그것이 정치적 변혁으로 구체화한 SNS혁명은 텔레비전이 상징하는 오락적 여가문화로 권태를 접근하는 연구방법과 다른 접근이 21세기 인터넷 시대에 필요하다는 진실을 새삼 깨우쳐준다.

5. 권태의 힘, 창조의 힘

지금까지 1930년대 암울한 시대를 살았던 이상의 권태 인식에서 시작해 현대인의 권태를 해소해주는 대중매체, 특히 텔레비전의 인식론에 대해서 살펴보고 인터넷은 그 연장선에 있는 동시에 새로운 가능성을 보여주고 있다는 사실을 알아보았다.

그런데 작가 이상의 지루한 권태 고백도 자세히 들여다보면 그가 권태를 통해 무엇을 이야기하고 싶었는지 드러난다.

　　작가가 "한겨울을 두고 이 황막하고 추악한 벌판을 바라보고 지내면서 그래도 자살 민절悶絶하지 않는 농민들"이라고 묘사한 대목에선 제국주의체제가 지배하고 있는 식민지에서 살아가는 민중에 대한 따뜻한 애정이 드러난다. 마지막 대목은 더 뜻깊다.

　　불나비가 달려들어 불을 끈다. 불나비는 죽었든지 화상을 입었으리라. 그러나 불나비라는 놈은 사는 방법을 아는 놈이다. 불을 보면 뛰어들 줄도 알고— 평상平常에 불을 초조히 찾아다닐 줄도 아는 정열의 생물이니 말이다. 그러나 여기 어디 불을 찾으려는 정열이 있으면 뛰어들 불이 있느냐. 없다. 나에게는 아무것도 없고 아무것도 없는 내 눈에는 아무것도 보이지 않는다.

작가는 어둠 속에 절망하는 듯하지만 내게 그 고백은 "뛰어들 불"을 찾으려는 몸부림으로 읽혔다. 권태와 중독이 악순환을 이루는 현대인의 일상과 그 굴레에서 벗어나 불을 찾는 일은 지금도 절박한 시대적 과제다. 더러는 그 권태의 해소를 성적 환상에서 찾기도 한다. 예를 들어 마광수가 발표한 첫 장편소설『권태』는 이상의 에세이와 같은 제목을 달고 있다. 권태로우면 변태가 되고, 변태는 새로운 창조의 원천이라는 작가의 말처럼 소설은 선정적인 성애 묘사로 화제를 모았다. 하지만 제목이 같을 뿐 마광수의 소설에는 이상의 에세이에 나오는 절망의 아픔이 묻어나지 않는다. 대중매체가 조장한 권태 해소법에 매몰되어 있다면 지나친 혹평일까? 현대인들이 텔레비전과 인터넷으로 해소하고 있는 권태는 독일의 철학자 하이데거가 구분한 개념에서 볼 때 '표면적 권태'에 지나지 않는다. 표면적 권태와 달리 '깊은 권태'는 섣불리 해소될 수도 없고 또 그래서도 안 된다. 깊은 권태는 오직 본래의 자기로 돌아가야만 해결될 수 있기 때문이다. 하이데거가 말한 '깊은 권태'든, 아니면 '실존적 권태'든 아니면 피터 투이가『권태 그 창조적인 역사』에서 역설하듯이 모든 권태에는 창조성이 있다고 판단하든, 아무튼 사람이 권태를 망각하는 것은 그 개인을 위해서든 사회를 위해서든 바람직하지 않다. 권태의 망각은 즐거움의 중독으로 이어지며 악순환을 이루기 때문에 권태를 정면으로 받아들여 그것을 창조적 열정으로 바꾸는 지혜가 우리에게 절실하다. 그 지혜는 단순히 어느 개인의 양심이나 선택의 문제로 환원될 수 없다. 정치, 경제, 사회, 문화 현상은 물론 구조와 촘촘하게 연관되어 있기 때문이다. 더욱이 그 연관성의 밑절미에 미디어가 자리하고 있다면, 매스미디어와 달리 참여의 지평을 활짝 열어놓은 소셜미디어를 적극 활용해 새로운 사회를 구현해갈 수는 없을까. 권태롭되 더 나은 세상을 갈망하는 사람들의 연대를 꿈꾸는 까닭이다.